한국 축구의 미래를 꿈꾸다

한국축구의 미래를 꿈꾸다

선수협: 한국축구 발전을 위한 발걸음

김훈기 지음

바른북스

사막에도 꽃은 핀다

한국프로축구선수협회(KPFA: Korea Pro-Footballer's Association, 이하 '선수협')를 창설하고 가장 많이 받는 질문 중 하나가 "왜 선수협을 만들게 되었나요?"라는 말이다. 그 이유는 명확했다. 프로선수가 되기 위해 누구나 겪고 있던 고통과 아픔을 나 또한 크게 체감했기 때문이다.

나도 한때 선수 생활을 했었다. 초등학교 6학년 때 처음 축구를 시작한 나는 고등학교 2학년 때 일본에 있는 팀으로부터 스카우트 제의를 받고 일본에서 10년 동안 축구 선수와 선수 은퇴 후 체육교사로 활동했다. 한국에서 고등학교 2학년 때까지 축구 선수로 생활하던 시절에, 단 한 번도 제대로 된 정규 수업을 받지 못했던 내가 홀로 일본에 가서 운동과 공부를 병행한다는 것은 결코 쉬운 일이 아니었다. 하지만 당시를 되돌아보면 한국과 다른 문화를 경험하며 많은 것들을 배울 수 있었다.

나는 비록 사회적으로 성공한 선수는 아니었지만, 내 자리에서 누구보다 치열하게 노력하며 도전했다. 그런데도 결과가 따라오지 않을 때는

'내가 공정한 기회를 얻었더라면' 하는 아쉬움도 컸었다. 돌이켜보면, 유소년 선수들은 무엇을, 누구를 위해 축구를 하는지 모른 채 시키는 대로 인간병기처럼 달리기만 할 뿐, 성공하지 못하면 쓸모없는 사람이라고 느끼는 경우가 많다. 나 역시 마찬가지였다.

해외 유소년 축구 담당자들에게 다른 나라의 유소년 축구 정책을 듣게 되면 '나도 어렸을 때 저런 문화에서 축구를 했더라면' 하는 생각을 하게 된다. 지금도 큰 변화는 없지만, 우리 때는 스포츠를 한다는 것이 인권의 사각지대에 홀로 서 있는 것과 마찬가지였고, 무한경쟁에 내몰려 고통과 외로움을 겪어야만 했다. 쉽게 상처를 입는 것은 물론이고, 너무나 힘들고 지칠 수밖에 없었다. 그런데 이 극단적이고 열악한 현실을 겪으며 오히려 현 상황을 그대로 두어서는 안 되겠다는 의지를 갖게 된 계기가 되었다.

선수협을 구성하면서 때로는 지칠 때도 있었고 포기하고 싶을 때도 많았다. 사실 매 순간 힘겹고 모든 것이 순탄하게 흘러가지 않았다. 그래서 마치 사막에서 지금 당장 풀이 자라기를 기대할 수 없는 것처럼, 무언가 바로 개선되길 기대할 수 없는 심정일 때가 있었다.

하지만 지치고 쓰러질 때 나를 일으켜 세운 힘은 단 하나, 어릴 적 품었던 신념이었다. 내가 겪었던 아픔을 똑같이 겪는 선수들이 없었으면 하는 마음, 그리고 우리가 하는 일들이 궁극적으로 한국축구계의 발전에 기여할 수 있을 것이라는 마음으로 여기까지 달려왔다. 또 지나서 생각해보면 내가 사막이라고 생각했던 환경과 어려움을 겪었던 순간순간이 어쩌면 옥토가 아니었을까 하는 생각도 든다. 많은 것이 변한 지금, 과거를 떠올려보면 매 순간이 필요한 과정이었고 또 그 힘든 시간도 감사하다는 마음이 들기까지 한다.

현재 선수협은 지난한 과정을 통해 오늘에 이르렀다. 1,000여 명의 선수가 선수협에 가입했으며, 네덜란드 암스테르담에 위치한 국제축구선수협회(FIFPRO)의 정회원이 되었다. 특히, 한국의 선수협은 세계 축구계보다 50년이나 늦게 남자 선수협으로 출범했지만, 지금은 FIFPRO가 제시한 남녀 비율제를 넘어 남녀 구분 없이 하나의 축구선수협으로 나아가겠다는 모델과 비전을 제시하며 다른 나라의 모범이 되고 있다.

이 책은 오직 운동밖에 할 줄 몰랐던 한 사람이 선수협을 만들게 된 계기와 그 과정이 여러 일화들과 곁들여 담겨 있다. 유소년 및 프로선수들이 축구계의 현실을 더욱 잘 알 수 있게 해서 자신의 권리를 정당하게 주장할 수 있기를 간절히 바라는 마음으로 펜을 들었다. 선수들이 진정한 자신들의 권리를 찾고 주장할 수 있을 때, 한국축구계가 한 걸음 더 나아갔다고 자신 있게 말할 수 있을 것이다. 한국프로축구연맹(Korea Professional Football League, 약칭 K League, 이하 '연맹'), 대한축구협회(Korea Football Association, 이하 '협회'), 선수 모두가 성장하는 길은 서로의 목소리에 더욱 귀를 기울이고 기본적인 인권의 문화가 꽃필 때 가능한 일이다. 나는 그 점을 정말 강조하고 싶다.

역사는 기록을 통해서 기억되는 법이다. 아직 많은 사람들이 선수협을 잘 모르고 있기에 나는 이 책을 통해 대중에게 제대로 알리고 선수협이 한국축구 발전을 위해 꼭 필요한 존재임을 인정받고 싶다. 또 보이지 않는 곳에서 축구계의 선진적인 문화 정착을 위해 노력하는 사람들의 모습을 기록으로 남겨서, 후배들도 우리의 뜻을 이어가길 간절히 바라는 마음도 담았다.

이 책은 선수협의 활동이 궁금하거나 축구 산업 전반에 대해 알고 싶

한국축구의 미래를 꿈꾸다

은 독자들에게도 유용하게 활용될 수 있을 것이다. 비록 모든 것을 알려주는 것은 아니지만, 적어도 축구에 관심이 있는 사람들에게 선수협이 어떤 단체인지, 그리고 축구계의 현실을 살펴보면서 축구 산업 전반을 파악하는 데에 도움이 되길 바란다.

그리고 축구계뿐만 아니라 아무것도 없던 황무지에서 하나의 단체를 만들었던 경험 및 조직 구성과 전략 계획 수립 노하우를 공유함으로써, 어떤 단체를 만들기 원하는 사람들에게도 이 책이 길잡이가 되길 희망한다.

목차

선수들의 권리를 위한
본격적인 발걸음

예상치 못한 코로나 사태와
K리그의 고질적 병폐

5 선수협의
오늘과 내일

에필로그: 진정성으로 결성된 선수협, 묵묵히 오늘도 우리의 길을 걸어간다

KOREA PRO-FOOTBALLER'S ASSOCIATION

CHAPTER 1.

한국프로축구선수협회,
그 시작

실패가 없었다면
오늘도 없었다

　　2011년 한국축구계에는 전대미문의 사건이 발생했다. 바로 축구 팬들을 충격으로 몰아넣었던 승부조작 사건이었다. 축구 팬들에게 씻을 수 없는 상처를 안겨주었고 많은 사람들의 인생을 앗아갔던 승부조작 사건은 아이러니하게도 선수협이 본격적으로 시작된 계기가 되었다.

　　사실 2008년부터 "아시아의 축구 강국인 한국에 선수들을 보호하고 교육하는 실질적인 선수협 단체가 왜 없느냐"는 말이 FIFPRO로부터 나오고 있었으며, FIFPRO 측이 직접적으로 한국축구계에 접촉을 하고 있었다. 실제로 당시 FIFPRO 아시아 브렌든(Brendan Schwab) 회장은 맨체스터 유나이티드에서 활약하던 박지성 선수에게도 정식 공문을 보냈는데(박지성 선수가 FIFPRO의 공문을 확인했는지는 모른다) 답변이 오지 않았고, FIFPRO는 이후에도 여러 국가대표 선수들에게 접촉을 시도했다. 하지만 좀처럼 선수협 설립 문제에 대한 진전은 없었다고 한다.

　　그러나 그 후 결정적인 사건을 통해 선수협 설립 논의가 새로운 국면을 맞이하게 되는데 바로 앞서 이야기한 승부조작 사건이다. 우리나라 축구계가 침울해 있던 시기에 당시 FIFPRO 아시아 야마자키 타쿠야(Yamazaki Takuya) 부회장과 2002년 월드컵 주역인 모 선수, 그리고 내가 만나서 한국에서의 선수협 설립을 최초로 본격적인 논의를 시작했다.

　　지금 돌이켜보면 그때의 만남이 얼마나 중요했는지 새삼 깨닫게 된다. 한국축구계의 발전과 선수들의 인권 보호를 위해 무언가를 하고 싶었지만, 그러한 공론의 장조차 마련되지 않은 상황에서는 나도 쉽게 첫발을 내딛기가 힘들었다. 한국축구계에는 매우 불행하고 안타까운 일이었지만, 결과적으로 승부조작 사건이 한국축구계에 선수협 설립이라는 화두를 던지게 된 것이었다.

아시아의 축구 강국이자 2002년 월드컵 4강을 이룬 한국에 선수들의 인권을 보호하는 최소한의 장치인 선수협이 왜 없는지, 그리고 2011년의 승부조작 사건이 왜 선수들에게만 모든 책임을 지우며 그들이 자살이라는 극단적인 선택을 할 수밖에 없었는지 하는 안타깝고 근본적인 질문을 던지며 선수협 설립 논의가 시작되었다.

특히나 승부조작과 관련해서는 나 또한 아픈 기억이 있었기에 너무나 공감되는 부분이 많았다. ○○중학교 3학년 때인 2002년도 춘계 전국대회를 우승한 후에 곧바로 서울시 대회인 교육감배 대회를 나가게 되었다. 당시에는 전국대회 8강 혹은 서울시 대회 4강에 들어가면 인문계 고등학교에 진학할 수 있는 기회가 주어졌다.

그런데 교육감배 대회에서 △△중학교와의 경기에서 감독은 "우리는 이미 좋은 성적을 냈기 때문에 △△중학교와의 경기에서는 져야 한다. 대충 뛰어라"고 선수들에게 얘기했다. 전국대회를 우승하고 바로 다음 경기였기에 그랬을까? 나는 컨디션이 굉장히 좋았고 전반전에 골을 기록했다. 이 골에 대한 대가는 그야말로 참혹했다.

전반전이 끝나고 감독은 나에게 "대충 뛰며 지라고 했는데 왜 골을 넣느냐"라며 락커 룸에서 나에게 의자를 던졌다(**항상 우리를 구타할 때는 저학년들에게 주위를 둘러싸라고 한 다음 구타가 시작되었다**). 그리고 바닥에 머리를 박고 감독의 신발로 밟히고 주먹으로 계속 맞았던 기억이 아직도 생생하다. 결국 우리는 후반에 두 골을 일부러 내주었고, 나는 그때 단지 져야 할 경기에서 골을 넣었다는 이유 하나만으로 심한 폭행을 당해 허리를 크게 다쳤다.

이런 이야기는 비단 나의 경우에만 해당하지는 않았을 것이다. 당시 많은 어린 선수들이 그런 강압적이고 비상식적인 문화에 길들여졌고 단 한 번의 'NO'라는 목소리도 내지 못한 채 악습에 동조할 수밖에 없었다. 그 어린 유소년 시절부터 우리는 축구 선수로서 절대 해서는 안 되는 승부조작에 가담하도록 강요를 받았던 것이다.

2011년의 승부조작 사건은 나에게 유소년 시절을 떠올리게 했다. 그때 어린 시절부터 제대로 교육을 받고 무엇이 옳은지 그른지 알려주었다면 얼마나 좋았을까 하는 후회가 남았다. 그렇다고 마냥 후회로만 그칠 수는 없는 노릇이었다. 할 수만 있다면 앞으로 내가 축구계의 여러 부조리를 바로잡겠다는 다짐을 하게 되었다.

선수협 설립의 시작은 이처럼 강인한 신념과 의지를 갖고 첫발을 내딛게 되었다. 그런데 주변에 내가 선수협을 시작하려고 한다고 말하면 거의 대부분의 사람들이 '우리나라에서 선수협을 만드는 것은 안 될 것이다'라며 부정적인 시선으로 바라봤다. 2002년에도 선수들이 선수협을 만들려는 움직임이 있었지만 실패했고, 한 번도 해보지 않은 일에 대해서 어떻게 해야 할지에 대한 구조적인 문제를 제기했다. 이에 더해 선수들마저도 구단에 피해를 받을까 봐 나서지 않고 꺼렸기에 이번에도 선수협 설립은 불가능할 것이라며 다들 시도하지 말라고 했다.

나도 한국축구계의 현실을 누구보다 잘 알고 있었다. 하지만 그런 현실을 마냥 외면하고만 있다면 한국축구는 전혀 발전이 없을 것이라는 생각이 더 앞섰다. 각국의 선수협이 전 세계 많은 프로축구 선수들과 함께 축구 발전을 위해 여러 가지 기여와 공헌을 하고 있었지만, 한국에서는 사람으로서 당연히 보장받아야 할 권리마저 외면당하고 있는 현실을 두고 볼 수는 없었다. 축구 선수 출신인 나도 많은 어려움과 아픔을 겪었기에 선수들을 보호하고 교육하는 일이 얼마나 중요한지 누구보다도 잘 알고 있었으며, 누군가는 반드시 해야 할 일이라고 생각했다.

선수협은 한국에서 꼭 필요한 단체였고 나는 선수들의 아픔을 누구보다 잘 알고 있었다. 시작조차 해보지 않으면 이 현실은 절대로 변하지 않을 것임을 알기에 사명감을 가지고 진행하기 시작했다. 처음에는 어디서부터 어떻게 시작해야 할지 난감하기만 했다. 선수협의 본질을 떠올려봤다. 선수협의 가장 중요한 기둥은 선수였다. 그래서 선수협의 기본적인 틀부터 다져나가야겠다고 생각하고 행동했다. 나는 전국 각지를 밤낮, 휴일 없이 돌아다니며 국가대표 타이틀을 가진 유명한 선수부터 프로 1년 차 선수 및 은퇴한 선수까지 정말 많은 선수들을 만났다.

지금 돌이켜보면 매 순간 정말 간절했던 것 같다. 매번 나에게 주어진 시간과 만남이 다시는 돌아오지 않을 마지막 기회라는 생각으로 미팅을 진행했다. 선수와의 만남은 일상이었지만, 마음가짐만은 늘 간절함으로 무장하고 나갔다. 미팅을 진행하기 전에 철저하게 준비한 자료를 점검하고, 내게 주어진 30분 안에 선수들에게 선수협의 필요성을 인식시키기 위해 노력했다. '지금 나서야 한다'라는 사명감을 일깨워 주기 위해 진심을 다해 설득했다. 사실 30분이라는 시간 안에 선수들의 인생을 바꿀 수 있는 행동을 함께하자고 설득하는 것은 쉬운 일이 아니었지만 그래도 자신이 있었다. 방향성과 미래 그리고 명분이 있었기 때문이다. 후회가 남지 않도록 상대방에 맞게 여러 옵션을 준비했고 미팅의 분위기를 긍정적으로 이끌며 선수들과의 만남을 이어갔다.

선수 시절, 무조건 열심히 간절하게 하면 된다고 믿고 살았던 시절이 있었다. 그러나 너무나 간절한 나머지 냉철하게 현실을 바라보거나 판단을 제대로 하지 못해 결과가 좋지 않을 때도 많았다. 그래서 미팅을 진행하면서 상대방에게 무엇을 전달하는 것보다 어떻게 전달되었는지가 더 중요하다는 것을 느낄 때가 많았던 것 같다.

선수협 구성 초기, 대부분의 선수들은 선수협에 가입하면 괜히 구단으로부터 피해를 받는 것이 아니냐며 기피했었다. 당시에는 그런 분위기일 수밖에 없었다. 막상 발로 직접 뛰어보니, 혹시라도 더 피해를 받을까 봐 침묵하고 있는 피해자들이 많았기에 그들에게 도움을 주면서도 많은 어려움이 있었다. 실제로 선수협 설립 움직임이 있을 때, 구단이나 연맹의 방해도 만만치 않았다. 그 방해라는 것은 선수를 볼모로 삼는 것이니, 나는 그런 현실을 개탄할 수밖에 없었다. 예를 들어 A 구단의 경우, 선수들을 모아놓고 선수협에 가입한 사람이 있는지 전수조사를 했다고 한다. 선수협에 가입한 선수 리스트를 코치진이 확인해서 구단 간부들에게 전달하기 위해서였다. 또 B 구단 선수 미팅 때는 코치가 미팅 중간에 들어와서 선수들에게 "뭐 하고 있는 거냐"며 윽박지르고, 구단에서는 미팅을 주선했던 선수를 따로 불러 선수협 미팅을 하지 말라고 종용했다고도 했다.

침묵하는 피해자들……. '어차피 우리는 연맹과 구단한테 을(乙)이고 절대 바뀌지 않을 것이다'라는 생각이 고착된 선수들…….

그렇기 때문에 나는 더욱 철저히 준비하여 선수들에게 다가갔다. 그들에게 내 진심을 보여주면서 한국축구 발전을 위해 함께 나아가자고 설득했다. 하지만 짧은 미팅 시간 30분마저도 허락되지 않는 경우가 다반사였다. 만나기로 약속하고 약 6시간에 걸쳐 이동해서 갔는데 연락이 두절된 선수, 꼭 오전에 만나야 한다며 이른 새벽에 달려가서 미팅 장소까지 갔는데 다시 생각해보겠다며 미팅 장소에 나오지 않은 선수들…… 심지어 도움을 주고 있던 선수의 부모님조차 늦은 밤에 전화 와서 가뜩이나 가만히 있어도 무너져버리는 힘없는 선수를 더 어렵게 하는 것 아니냐며, 축구계에서 퇴출당하거나 보복당할 것이 불 보듯 빤하니 괜히 아무것도 모르는 애들 선동하지 말고 희망고문 하지 말라는 얘기를 들었던 적이 한두 번이 아니었다.

선수협을 만들기 위해 정말 죽을힘을 다해 열심히 뛰었지만, '선수들을 이용하는 것 아니냐', '선수들도 가만히 있는데 왜 네가 나서서 그러느냐'와 같은 비난까지 받았다. 마치 하나의 작은 실수가 선수협의 존폐를 좌우하는 오디션 같은 날들의 연속이었다.

사실 심적으로나 육체적으로 많이 힘들었다. 그러나 나의 힘듦이 이 일을 포기할 이유는 되지 않았다. 나 또한 선수 출신으로서 많은 어려움과 사건들을 겪었고 누군가의 인생이 걸려 있는 중대한 일들을 많이 보았기에, 한 사람의 인생을 바꿀 수 있다는 책임감으로 국내외 선수들을 막론하고 그들을 돕기 위해 밤낮 휴일 없이 일했다.

누군가 나에게 "왜 이렇게까지 하느냐"라고 물어본다면 솔직히 중도에 포기할 용기가 없었노라고 얘기했었을 것이다. 일평생 축구만 하다가 한순간에 모든 걸 빼앗긴 선수나, 해외에서 팀 관계자와 에이전트에 속아 여권까지 빼앗긴 선수가 선수협만 바라보는데 그 선수들을 외면하고 그만둘 용기가 없었다. 그래서 나는 그 상황을 개선하기 위해 최선을 다할 수밖에 없었다.

특히 계약서 검토, 급여 및 수당 미지급, 무단 방출 등의 사례를 해결하는 것은 한 사람의 인생이 걸린 문제였다. 일이 어떻게 진행되고 있으며, 무엇을 할 것이다 등의 구체적인 플랜과 진행사항까지 선수들에게 일일이 설명하며 신중하게 접근했기에 항상 어려웠다.

그렇게 선수들을 매 순간 진심으로 대하며 1명 1명의 어려움을 진심을 다해 도와줬다. 선수협은 그렇게 나를 비롯한 몇몇 초기 멤버의 신념으로 성장해 이제는 선수 개인의 문제를 해결하는 것에 더해 선수 전체를 보호하기 위한 제도 개선에도 앞장서고 있다. 혼자 모든 걸 부딪치며 개척하던 선수협 초기와는 달리 지금은 이근호 회장을 비롯한 임원진과 많은 선수들이 함께하고 있기에 너무나 든든하고 감사한 마음이다.

선수협 결성 9년이 지난 지금, 혹시 누군가가 나에게 선수협을 만들 때의 중요한 마음가짐을 묻는다면 다음과 같이 대답할 것이다.

"선수들이 공감하고 함께 나서주길 기대하는 것이 아니라, 우리가 가고 있는 방향성과 목적이 올바른지를 항상 경계해야 한다. 우리가 흔들리지 않는 중심과 올바른 신념을 가지고 나아간다면, 또 상황에 좌우되지 않고 내가 떳떳하게 나아간다면 머나먼 여정 속에서 분명히 희망을 만들 수 있을 것이다. 선수협이 존재해야 하는 이유와 선수협의 가치를 공감해주고 함께하는 선수들이 단 1명이라도 있다면 그것으로 희망은 충분하다. 누구보다 절실하게 이 자리까지 올라온 선수들이란 것을 알기에, 위험부담이 있는 상황을 회피하고픈 심정 또한 잘 알고 있기에 원망하지 않는다. 다만 그런 선수들 또한 부조리에서 보호받는 선수가 되길 간절히 바랄 뿐이다. 선수들을 위해서, 한국축구가 진정으로 발전되기 위해 꼭 필요한 일이라는 신념으로 나아간다면 지금 내가 힘든 것은 아무것도 아니다."

한국축구의 미래를 꿈꾸다

선수협은 그렇게 시작되었다. 현재의 선수협은 국내뿐만 아니라 해외 리그에서 뛰고 있는 선수들까지 정말 많은 선수들에게 도움을 주고 있다. 그리고 우리는 실천으로써 존재 가치를 증명했기에 선수협을 바라보는 인식도 많이 변화되었다.

선수협은 그 누구보다 최선을 다해 선수들의 권리 보호에 앞장섰으며 선수들을 위해 활동해왔다. 선수협 출범 이후 K리그의 구성원들은 선수 인권에 대해 관심을 가지게 되었고 환경도 아직은 많이 부족하지만 그래도 이전과는 다르게 많이 개선되었다. 부당함에 침묵하지 않고 제도 개선 및 선수들의 의견이 반영되는 축구계를 만들기 위해 많은 노력을 기울이고 있다.

선수협은 선수들의 권리를 보호하고 한국축구가 투명하게 운영되며 발전할 수 있도록 노력하는 단체다. 이러한 일들을 당당히 하기 위해선 선수협이 어느 단체보다 투명하고 떳떳해야만 했다.

그래서 항상 질문하곤 한다. 그리고 앞으로도 선수협이 존재하는 한 계속될 질문이기도 하다.

"선수협은 우리에게 왜 필요하고, 왜 존재해야 하는가?"

보이지 않는 전쟁의 서막, 선수들과의 만남

◀ 이영표, 최원권, 김한섭 선수.
이들은 선수협 초기 설립을 위해
적극적이었으며 많은 도움을 준
고마운 선수들이다.

선수협은 선수들이 중심이 되어야 한다. 내가 아무리 선수들의 권리 보호를 위해 한두 케이스를 해결한다고 해서 선수협이 자연스럽게 발전하는 것은 아니었다. 일단 많은 선수들이 모여야 했고, 모여서 선수 권리를 위한 목소리를 내야만 했다. 그러기 위해서는 선수들의 관심과 선수협 가입이 가장 절실했다. 나는 우선 K리그 각 팀의 주장과 중심 선수들을 만나기 위해 본격적으로 접촉했다. 그 시작은 파주 트레이닝 센터에서의 미팅이었다.

2013년 축구지도자 C급 라이선스 과정에 들어가 있던 선수협 주축 중 한 사람이 선수들을 모아주었다. 당시 모인 선수들은 이영표 이사를 중심으로 2002년 월드컵 멤버들이 많이 있었다. 그 외에도 각 팀의 베테랑급 선수들이 모인 자리였기에 선수협 입장에서는 너무나도 중요한 자리였다. FIFPRO 측에서도 파주 미팅이 중요한 변곡점이 될 것이라는 점

한국축구의 미래를 꿈꾸다

을 인지했고, 그래서 FIFPRO 아시아 야마자키 타쿠야 부회장도 한국에 왔다.

야마자키 부회장은 이날 파주 미팅에서 직접 프레젠테이션을 하고 선수협의 필요성 등을 직접 설명하며 한국 선수들도 하나가 되어야 발전할 수 있다고 얘기했다.

이영표 이사는 "우리는 싸우려는 것이 아닌 대화를 하고 선수들이 하나가 되어 메시지를 전달하고자 하는 것"이라며 선수협의 취지를 설명했다.

미팅에 참여했던 선수들은 선수협이란 단체에 대해 생소하게 느꼈겠지만, 분위기 자체는 나쁘지 않았다. 하지만 운동만 하던 선수들이다 보니, 자신들의 권리에 대해 모르고 있는 것이 너무나도 많았고 선수협을 어떻게 대해야 할지도 조심스러워하는 눈치였다. 나 또한 당시 27살이란 어린 나이에 어떻게 해야 할지 감이 잡히지 않았으며, 그들에게 확실히 무엇인가를 제시해줄 수 있는 부분이 없다 보니 결국 '어떤 것을 할 수 있지?'라는 의문이 계속 남았던 것 같다.

풀리지 않는 의문 가운데 나는 파주 미팅에서 '한 사람 한 사람 돌아다니며 만나는 게 쉽지 않겠구나', '맨땅에 헤딩한다는 것이 이런 것이구나' 하는 절망감과 막막함을 느꼈다. 그 당시에는 이 분야의 전문가도 딱히 없었다. 축구계의 원로들과 선배들, 그리고 다양한 분야의 전문가를 만났지만 다들 한국에서 프로축구선수협은 안 될 것이라고 했다. 물론 선수협이라는 단체가 필요하다는 공감대는 있었지만, 어느 누구도 제대로 나서주지 않았다. 천신만고 끝에 현역 선수들과 미팅을 했고 대화를 나눴지만, 현역 선수들조차도 구단의 부당한 대우에 대해서 어떻게 용기를 내야 할지 막막하다고 생각했고, 막상 용기를 내고 행동에 나서더라도 나만 피해 보고 바뀌는 게 없지 않을까 하는 두려움으로 쉽게 나서주지 못했다.

하지만 너무나 고맙게도 파주 미팅에서 중심 인물이었던 한 선수가 '모두가 망설이고 있을 때 바로 밀어붙여서 선수협 구성을 진행하자'고 강하게 주장했다. 든든한 아군이 있는 것 같아 힘이 솟았다. 그런데 나는 든든한 아군을 얻었음에도 섣불리 행동할 수만은 없었다. 선수협에 대해서는 누구도 경험이 없었으며 겪어보지 않은 길이었기에 모든 과정 하나하나에 신중해야만 했다. 진행 속도보다 기반을 튼튼히 다지는 것이 장기적인 관점에서 봤을 때 안정성을 가져갈 수 있는 일이라 판단했던 것이다. 나는 선수들이 선수협에 대해 바르게 이해하고 행동하는 것이 우선이라 믿고 인식을 심어주기 위한 교육이 먼저라고 생각했다.

선수협은 선수들이 먼저 계획하고 도모한 야구선수협과는 달랐기 때문에 급하게 추진하는 것이 아닌 기본을 차근히 다지면서 나아가는 것이 중요했다. 물론 야구선수협도 결성 초기에는 너무나 많은 시련과 어려움이 있었다고 한다. 선수협 설립에 앞장섰던 당시 SK의 최태원 선수는 '사랑하는 야구를 못하게 될지라도' 오랜 세월이 흐른 뒤에 자식들에게 부끄럽지 않은 아버지가 되기 위해서 동료들과 함께 나아갈 것이라는 다짐의 신문 칼럼을 기고한 적이 있었다. 선수들의 기본적인 인권 보호를 위한 선수협 설립이 그만큼 쉽지 않다는 것을 보여주는 대목이었다.

나는 선수협의 주체는 선수여야 하고 선수들이 스스로 그 필요성과 가치를 알아야 한다는 것을 절실히 느꼈기에 단체를 바로 설립하는 것보다는 교육을 통해 선수 스스로가 선수협의 필요성을 깨닫기를 바랐다. 선수들과의 만남 과정은 전쟁과도 같았다. 한 치의 실수조차 용납될 수 없었다. 그렇게 나는 매일매일 자신과의 전쟁, 선수와의 전쟁 그리고 축구계와의 전쟁을 치르며 선수협 가치 확산을 위한 민남을 이어갔다.

거듭된 설득 속에 싹트는
선수협 설립 분위기

◀ 선수협 설립 취지를
설명하는 나와 FIFPRO
아시아 야마자키 회장

파주 미팅 이후 교육의 필요성을 절실히 깨달은 나는 선수협을 바로 출범하기보다 선수들에게 선수협에 대한 올바른 이해를 심어주기 위해 각 팀을 돌아다녔다. 전국을 돌며 우선 팀 분위기를 주도할 수 있는 베테랑 선수들을 만나 선수협 설립 취지를 설명했고, 나도 그들의 이야기를 들으며 여러 사안에 대해 소통했다.

이후 선수협의 발족을 위해 모인 자리에서 나는 선수협의 첫 이미지가 매우 중요하다는 점을 강조했다. 그래서 싸우는 이미지가 강하게 느껴지는 '선수협회'보다는 '한국프로축구복지회'는 어떻겠느냐는 의견을 냈다. 의견은 분분했다. 하지만 우리가 추구하는 선수협은 구단과 대립하는 것이 목적이 아니었기에 부드러운 이미지를 각인하는 차원에서 '한국프로축구복지회'로 조직의 이름을 정했다.

그렇게 선수협 발족을 위한 의지를 다지면서 나는 다시 선수들을 만나기 위한 기나긴 여정을 시작했다. 특별히 김한섭 이사가 선수들을 소개해주어 더욱 적극적으로 선수들을 만나고 다녔다. 너무나 감사하게도 대전의 많은 선수들이 조직에 가입했으며, 전 선수가 가입한 구단도 있었다.

선수협 창설 분위기를 돋우기 위해 내부에서는 여름에 한 번 더 총회를 하자는 의견이 모아졌다. 각 팀당 1~2명 참석하여 약 25명의 선수와 함께 발기인을 정하고 법인 설립을 위한 계획을 논의했다. 그런데 총회의 결과는 우리의 계획과는 전혀 달랐다. 선수 25명의 참석을 예상했지만 실제로 참석한 선수는 단 2명이었다. 총회를 위해 FIFPRO 아시아 부회장도 왔지만, 다시 한번 현실의 벽을 체감할 수밖에 없었다.

참석 예정이었던 선수들은 총회 전날에 집안일이 생기거나 "당일 아침에 훈련이 잡혔다", 혹은 "장모님이 찾아와서 못 오게 되었다"라는 등 개인 사정상 불참 통보를 해왔으며, 아무 말도 없이 오지 않은 선수들도 있었다. 예정 인원과 너무나 차이가 나게 적은 인원이 모였기에 호텔 측에서 난색을 표하기도 했다. 결국 우리는 실무진보다 선수들이 더 많이 모인 상황에서 선수협을 결성하기로 했다. 아쉬움을 뒤로한 채 우리는 다음을 기약할 수밖에 없었다.

설상가상 단 2명의 선수만이 참석했던 총회 이후, 그날 참석했던 한 선수가 선수협을 떠나게 되었다. 그 선수는 희생을 감수하고서라도 선수협은 꼭 필요한 단체라며 초기 선수협 설립에 주도적인 역할을 했었다. 하지만 "선수협 설립이 나를 위해 한 것도 아니고 후배들과 부당한 대우를 당하는 선수들을 위해 나서려 했지만 이게 현실이니 나는 더 이상 함께할 수 없을 것 같다"라며 실망감을 안고 떠나버렸다.

사실 참석률이 저조할 것이라는 것은 어느 정도 예상은 하고 있었다. 하지만 선수협의 중심이 되어야 할 선수가 2명밖에 참석하지 않았다는 사실은 크나큰 좌절을 안겨줬다. '이게 내 앞의 현실이구나……' 그렇다고 지난 1년간 선수들을 만나고 직접 발로 뛴 노력이 헛되다고는 생각지 않았다. 우리가 하는 일에 모두가 공감한다고 해도 모두가 마음의 문을 한 번에 여는 것은 아니었다. 마음의 문을 여는 속도는 사람마다 다르다는 것을 인정해야만 했다. 또 나는 내가 할 수 있는 최선을 다해 직접 뛰어다녔지만, 선수들도 그들 나름의 이유와 입장이 있었다고 생각하며 그들을 조금 더 이해하기 위해 마음을 다잡았다.

선수들은 선수협이라는 것이 눈앞에 실체로 보이는 것도 아니었으며 현재 커리어와 은퇴 후의 삶에 관한 일도 생각했어야 했다. 선수협 결성이라는 리스크를 굳이 짊어질 필요는 없을 수도 있겠구나 하는 생각이 들었다.

실제로 2002년에도 당시 선배들이 선수협을 만들려는 움직임이 있었을 때, 몇몇 구단 관계자들은 선수들에게 선수협을 만들거나 가입하면 임의탈퇴 혹은 방출을 시킨다며 협박을 한 적이 있었다고 했다. 지금이라고 그때와 크게 분위기가 달라졌을 리 만무했다. 선수협을 만들기 위해서는 많은 부분을 희생해야만 했다.

여름 이적이 시작되어 팀마다 많은 선수들이 바뀌는 시기였기에 총회 이후 7월부터 나는 선수들을 만나기 위해 다시 전국을 돌아다녔다. 나는 선수들을 만나며 한국프로축구계의 현실과 권리를 찾는 것이 왜 중요한지, 선수협이 그들에게 무엇을 도와줄 수 있고 왜 필요한지 설명했다. 겨울에 다시 한번 총회를 진행하는 것을 목표로 단체의 기반을 다지기 위해 지속적으로 선수들을 만나 설득했다.

각 팀을 다 돌고 나니 어느덧 겨울이 되었다. 이번에는 지난 총회와는 달리 전략적으로 움직였다. 선수들이 이동에 번거롭지 않고 최대한 많이 참석할 수 있도록 당시 유명한 선수가 결혼하는 날에, 같은 호텔에서 총회를 진행하기로 한 것이다. 총회 시간을 결혼식 이후로 정해서 결혼식에 온 선수들이 총회에 참석할 수 있도록 진행할 계획이었다.

많은 선수들이 미팅 당시 '꼭 참석하겠다'라고 확답을 했기에, FIFPRO 아시아 부회장, 일본프로축구선수협회(JPFA: JAPAN Pro-Footballer's Association) 사무국장도 참석하기로 했다. 또 선수협 설립에 많은 도움을 줬던 이용수 교수도 초빙했다.

그런데 이번에도 성적표는 낙제점이었다. 선수들이 모이기 쉽도록 전략적으로 계획하고 또 몇 개월 동안 열심히 설득의 과정을 거쳤기에 이날 총회는 지난 총회와는 분위기가 사뭇 다를 것이라 기대했지만, 참석한 선수는 고작 3명에 불과했다. 아직도 그때의 장면이 생생히 기억난다. 참석하기로 했던 7명의 선수는 연락이 두절됐고, 3명의 선수는 선수협 총회 장소로 오지 않고 피해버렸다. 결국 총회는 실무자 측과 3명의 선수로 진행되었으며 심지어 참석했던 선수 중 1명은 총회 다음 날 자신의 선수협 가입을 보류해달라는 연락을 했다. 많은 선수가 동참하지 않은 상황에서 구단에 밉보일 수 있어 아직은 조심스럽다는 이유였다.

참으로 씁쓸했다. 그날의 처참한 성적표를 받아들고 나는 '정말 선수협을 만들 수 있을까'라는 의문마저 들었다. 하지만 이대로 쓰러질 수만은 없었다. 구단의 눈치나 분위기 때문에 선수협을 외면하는 선수들이 더 많이 있을 거라는 생각을 했다. 지치고 힘들었지만 나는 진정으로 선수협을 필요로 하는 선수들을 마음에 새기며 또다시 선수들을 만나서 선수협의 필요성에 대해 알리는 미팅을 진행했다.

◀ FIFPro Korea
총회 및 자선경기

2014년부터는 선수들을 만나러 돌아다니면서 어려움을 겪고 있는 선수들을 FIFPRO와 함께 실질적으로 돕기 시작했다. 모 구단의 승리 수당 미지급, 용병 선수의 계약기간 내 일방적인 무단 방출, 해외 리그 소속 선수 급여 미지급 등에 대해 실질적 도움을 주며 그들의 문제를 해결해나갔다. 당시에는 우리가 아직 사단법인을 결성하지 못한 상태였기에 FIFPRO의 이름으로 도와줬으며, 이는 이후 FIFPro Korea라는 이름으로 선수협이 탄생하게 되는 결정적인 역할을 했다.

FIFPRO 소속 중에 그 어떤 선수협도 단체 이름 앞에 FIFPRO를 붙일 수 없었다. 하지만 나는 "한국에서 선수협은 사람들에게 싸우기만 하는 단체로 인식될 수 있으며, FIFPRO라는 국제단체가 있으면 긍정적인 인식을 이끌어낼 수 있다. 실제로 FIFPRO의 이름으로 선수들을 도와줬을 때에 선수들이 매우 의지하며 도움을 얻었다. 한국에선 FIFPro Korea라는 이름이 아니면 조직을 결성하기 힘들 것이다"라고 주장을 했다. FIFPRO 측에서도 나의 말을 이해해주었기에 후에 정식 사단법인화를 할 때 영문명으로 'FIFPro Korea'를 쓸 수 있었다.

2014년도 총회는 많은 선수들이 참석하는 것을 최우선 목표로 삼았다. 어떻게 하면 선수들이 자연스럽게 참석할 수 있을까를 고민하던 중 우리의 공통분모를 떠올렸다. 바로 '축구'였다.

나는 총회 장소 인근의 고등학교 운동장을 빌려서 미니게임을 진행하고 동국대학교 축구부와 연습게임을 주선했다. 예상대로 축구가 진행되자 많은 선수들이 자연스럽게 참여를 했다. 2014년 총회는 지금까지 시도했던 그 어떤 모임보다 많은 선수들이 참석하여 선수협을 자연스럽게 접하고 의견을 나눌 수 있는 자리가 되었다.

2015년 총회에서는 선수협의 명칭을 변경했다. 아직도 선수들이 선수협에 대해서 조심스러워하니 선수들을 도와주며 소개했던 FIFPRO를 앞에 내세우고 싶었다. "우리가 조금 더 용기를 내고 전 세계 선수들이 함께하는 선수협들처럼, 우리도 대항하고 싸우는 것이 아닌 선수들이 하나가 돼서 결속력을 가지고 한국축구 발전에 기여하고 제도 개선에 목소리를 내야 한다"라고 주장했다. 이때 명칭을 '한국프로축구선수협회'(영문명 'FIFPro Korea')로 변경하게 되었다.

2016년에는 부산에서 정기총회를 개최했다. 총회에서는 부산, 인천 지역 장애인들을 초청하여 자선경기 및 선수들과 함께 하는 행사를 진행했다. 총회를 통해 선수협을 사단법인화할 것임을 발표하고 필요 서류를

한국축구의 미래를 꿈꾸다

구성하기 위해 직접 발로 뛰며 선수들을 만나고 다녔다.

　지금 생각해보면 선수협이라는 조직을 만들기 위해, 선수들이 중심이 되는 조직을 구성하기 위해 부단히도 뛰어다녔던 것 같다. 혼신의 힘을 다해 노력했지만, 처참한 성적표를 받아 들었을 때는 모든 걸 포기하고 싶은 마음도 들었다. 하지만 이대로 포기하면 선수협 설립은 또 언제가 될지 몰랐다. 그 시간 동안 많은 선수들이 아픔을 겪을 것이고 또 누군가는 나보다 더 큰 희생을 할 것이었다. 어쨌든 진정성 있는 거듭된 설득이 선수협 설립의 분위기를 싹틔웠다. 무엇보다도 선수들이 선수협의 필요성을 한 번쯤 생각하게 되었고, 총회 등 행사를 개최하면 모이는 선수들도 점차 늘어갔다.

세계선수협 아시아 총회와 선수협 정식 발족

◀ FIFPRO
아시아, 오세아니아 총회

2017년 6월 8일, 서울의 신라 스테이 호텔에서 FIFPRO 아시아 오세 아니아(이하 'FIFPRO 아시아') 총회가 열렸다. 이 총회를 유치하기 위해 나는 FIFPRO 아시아 야마자키 타쿠야 회장과 장소 섭외부터 FIFPRO를 설득하는 것까지 많은 노력을 했다. FIFPRO 측에 아시아 총회가 한국에서 개최되어야 하는 이유를 명확히 설명해야만 했고, 그들을 설득하는 것은 쉽지 않은 일이었다. 하지만 이런 세계적 행사는 한국에서 선수협이 정식 출범하기 위한 가장 큰 발판이 되는 일이라 생각했기에 나는 그들을 설득하기 위해 밤낮없이 일하며 인생을 걸었다.

그때까지 무보수로 일하면서 선수협의 가치에 공감하고 나를 믿고 따라준 사람들에게 언제까지 희망고문을 할 수는 없었다. 또 당시 선수협은 정식 발족 이전으로 공식적인 조직이 아니었기에 선수들이 조직에 가지는 의구심을 풀어줄 필요도 있었다. 그리고 약 5년 동안의 많은 이들의 노력을 이제는 당당한 단체로서 입지를 굳히기 위해 한 걸음 더 나아가야 할 때이기도 했다.

나는 FIFPRO 측에 "FIFPRO 아시아 총회를 한국에서 개최하게 해 달라, 세계적인 축구 단체가 한국과 함께한다는 것을 알리는 일도 필요하고 선수들에게도 보여줄 필요가 있다, 이제는 뒤에서 선수를 돕는 것이 아니라 이번 총회를 계기로 앞에서 당당하게 나아가고자 한다"라고 이야기했다.

나의 주장은 받아들여졌다. FIFPRO는 한국이 아직 정식 멤버로 인가받지 못한 상황에서 공식적인 선수협이 탄생할 수 있도록 힘을 실어주자고 의견을 모았고, 한국에서 총회를 진행하기로 결정한 것이다. 테오 반 세겔렌(Theo Van Seggelen) 사무총장을 비롯해 주요 임원진들이 전원 참석하여 한국 선수협 발족에 힘을 보태기로 했다.

한국축구의 미래를 꿈꾸다

나는 이번 총회에 선수들이 참석해야 한다고 생각해서 당시 이사였던 이근호 선수에게 부탁했지만, 아쉽게도 리그 일정과 맞지 않아 부득이하게 불참하게 되었다. 김한섭, 곽희주 이사는 고맙게도 한걸음에 달려와 참석해줬다. 김한섭 이사는 단체 초창기부터 함께해온 선수협에 매우 적극적인 선수였고, 곽희주 이사는 중동의 한 구단에 소속되어 있을 당시, 급여가 지급되지 않아 힘들어할 때 FIFPRO로부터 도움을 받은 적이 있었기에 누구보다 선수협의 필요성을 공감하는 선수였다. 두 선수가 함께한 총회는 너무나도 든든했다.

FIFPRO 아시아 총회의 한국 개최는 많은 이슈를 불러일으켰다. 수많은 언론사가 앞다퉈 취재를 했으며, 총회 장소에는 기자들로 넘쳐났다. 나는 갑작스럽게 몰아닥치는 인터뷰 요청에 혹여나 총회 진행에 차질을 빚을까 온 신경이 곤두서 있었다. 갑작스러운 큰 관심에 모두가 정신이 없었을 텐데, 예정되어 있지 않던 인터뷰 요청에도 김한섭, 곽희주 이사는 인터뷰를 멋지게 소화해줬다.

당시 김한섭 이사는 인터뷰를 통해 "대한축구협회에도 노조가 있고 지도자도, 에이전트도 노조 성격의 단체가 있는데 정작 선수들은 전혀 보호받지 못하고 있다. 승부조작 사건 이후 동료들이 목숨을 스스로 끊는 모습을 보며 의기투합해야 하겠다고 생각했다"며 선수협의 설립 계기를 알렸다.

나는 기자들에게 당시 가장 시급하게 해결해야 했던 급여 미지급, 무단 방출 및 초상권 등의 권리 회복 문제를 공식적으로 제기했다. 하지만 이를 해결하기 위한 방법으로 처음부터 구단이나 연맹과의 마찰을 일으키고 싶지는 않았다. 내가 제기한 문제는 너무나도 당연히 근본적 해결이 필요한 사안들이기에, 대화를 하면 큰 어려움 없이 해결이 가능할 것이라고 생각했다. 연맹과 구단 또한 한국축구 발전을 위해 우리와 함께 나아가는 큰 틀에서의 파트너로 여겼다.

특히 선수협 설립 초창기에는 연맹의 선수위원회와 업무가 겹친다는 주장도 있었다. 하지만 나는 "각 팀의 주장들이 정기적으로 모여 대화하는 자리를 존중하지만 선수협의 업무와는 다르다. 또한 최근 동남아시아에 진출한 국내 선수 가운데 임금체불로 고통받는 선수들이 있는데 선수협이 FIFPRO와 함께 선수들에게 법률 지원 등을 하고 있으며 이런 것은 선수협이 있기에 가능한 것"이라 설명하며 선수협만의 특별한 역할을 다시금 강조했다.

사실 선수들을 옥죄고 있는 연맹 산하에 선수 권익을 보호하기 위한 선수위원회를 만든다는 것 자체가 아이러니했다. 실제로 선수위원회를 통해 선수들이 부당한 대우를 받고 있음을 알리고, 제도 개선 또한 수차례 요구했지만, 제대로 반영되거나 개선된 적은 없었다.

총회에 참석한 FIFPRO 테오 반 세겔렌 사무총장도 선수협의 의지와 목적을 구체적으로 설명했다. 그는 모두 발언을 통해 "우리가 한국지부 발족을 추진하는 것은 한국프로축구연맹과 싸우기 위한 것이 아니라 함께 나아가기 위한 것"이라고 하며 "12월에 이집트에서 열리는 세계 총회에서 정식 지부로 승인받게 될 것"이라고 말했다.

총회 이후 많은 언론보도가 쏟아졌으며 선수들도 관심을 나타내기 시작했다. 선수들의 마음을 얻고 당당하게 나아가고자 했던 나와 야마자키 회장의 계획은 성공적이었으며 드디어 선수협 결성이 눈앞에 보이는듯 했다.

FIFPRO 아시아 총회가 한국에서 개최되기까지 야마자키 회장은 우리를 물심양면으로 도와주었다. 매년 3~4번씩 한국에 와서 선수들을 만나 선수협의 필요성을 설명해줬다. 때로는 빡빡한 일정을 소화히느라 KTX 이용 시 좌석이 없어 입석으로 이동하며 힘들게 다니기도 했다. 또한 선수들이 말레이시아, 중동 등 해외에서 급여를 받지 못하거나, 부당대우 특히 여권을 구단에 뺏기는 일이 발생했을 때는 무료로 선수들을 변론해줬다. 그는 한국에서 선수협이 정식 단체로 당당히 출범할 수 있는 희망을 함께 만들어준 참으로 고마운 사람이다. 그는 국적을 떠나 이 힘든 길을 함께해준 동료였고 실제적인 도움을 많이 준 사람이었기에 내가 많이 의지했다. 그와 내가 함께 같은 길을 걸어가고 있다는 것에 굉장한 자부심을 느끼기에 충분했다. 어렵고 힘든 순간, 언제나 최선을 다해 우리와 함께 한국 선수들을 위해 직접 발로 뛰어다닌 그에게 진심으로 깊은 감사의 인사를 전한다.

한 걸음 내디딘 선수협, '이제부터 시작이다'

2017년 9월 18일 선수협은 드디어 문화체육관광부로부터 사단법인 설립 허가를 받았다. FIFPRO 아시아 총회를 통해 FIFPRO 측은 한국에서 선수협의 필요성에 대해 다시 한번 생각하게 되었고, 전폭적인 신뢰와 실질적인 도움을 줬기에 사단법인 설립은 큰 어려움 없이 진행되었다.

사실 선수협의 사단법인화를 두고도 내부적으로 논쟁이 많았다. '아직 사단법인화는 조심스럽다, 선수들이 아직 준비가 되지 않았다'라는 반대 의견과 '더 당당해지면 좋겠다, 어린 선수들은 무슨 단체인지 잘 모른다, 우리가 나쁜 일을 하는 것도 아닌데 뒤에서만 할 이유가 뭐가 있느냐'라는 의견 등 선수들 사이에서도 사단법인화를 두고 견해가 갈렸다. 또 지금 사단법인화를 한다면 사정이 어려운 선수들만 우리와 함께할 것이며 문제가 없는 선수들은 선수협에 가입할 이유가 없으니 아직은 시기상조라는 의견도 있었다.

하지만 각종 불합리한 대우와 보장받지 못하는 권리, 또 그것을 유도하는 부조리한 제도로 인해 피해를 받고 있는 선수는 날이 갈수록 늘어만 갔다. 그런데 선수협이 정식 단체로 발족이 되지 않은 상황에서 그들을 돕기에는 한계가 있었다. 선수협의 본래 취지는 모든 선수들이 보호받을 수 있는 체계를 만드는 것이었고, 현재 어려움을 겪고 있는 선수들을 외면할 수는 없었다.

결국 선수협은 사단법인화를 선택했고, 이를 발표하는 자리에서 선수들의 급여 미지급, 무단 방출 등 각종 부당함으로부터 선수들의 정당한 권리를 보호하고, 선수의 초상권 등 권리 회복에 앞장서겠다고 발표했다.

이후 선수협은 2017년 12월 4일부터 12월 7일까지 이집트 카이로에서 개최된 2017 FIFPRO 세계 총회(General Assembly)에 참석했다. 이때의 세계 총회는 한국 선수협에게 정말 뜻깊은 행사로 남아 있다. 우리는 기존 참관 멤버(Observer)에서 후보 멤버(Candidate Member)로 승인받아 정식으로 국제축구선수협회의 일원이 되었던 것이다. 정식회원 승인으로 인해 한국 선수협은 국제축구선수협회 이사회 투표권, 예산 등 많은 혜택을 받게 되었다.

국제축구선수협회 정식회원으로의 승인은 큰 성과가 아닐 수 없었다. 한국의 선수협회를 세계에서도 공인해준 것이고 그만큼 공신력을 가지게 되었다는 의미이기도 했다. 많은 언론사의 취재 요청이 있었고 많은 사람들의 축하를 받았다. 그런데 정작 나의 기분은 덤덤하기만 했다.

국제축구선수협회의 정식회원이 된 것은 한국축구 선수들의 권리 보호를 위한 첫 단계이자 지나가는 과정일 뿐이라는 생각이 들었다. 선수협의 정식 출범과 공인을 받기까지 5년이 걸렸는데 그 시간이 쉬운 길 하나 없는 가시밭길이었다. 우리가 해결해 나가야 할 길은 여전히 험난하고 까마득했으며, 이제 겨우 첫발을 내디딘 것이었다. 그러나 어려운 첫 걸음도 수많은 사람들의 열정과 소망 그리고 신념이 있었기에 가능했다.

우리에게 주어진 길은 그 누구도 개척하지 않은 길이었기에 나는 우리의 목표를 향하여 신발 끈을 다시 매었고 다음 스텝에 필요한 것들을 점검했다. 그리고 선수협의 현 위치를 파악하면서 선수들에게 어떤 것을 제공할 수 있는지에 집중했다.

그 첫 번째로, 한국축구계에 뿌리 깊게 박혀 있는 선수 대우에 관한 악습들을 뿌리 뽑고자 했다.

FIFPRO와 각국의 축구선수협회

FIFPRO는 어떤 단체인가?

국제프로축구선수협회(FIFPRO: Fédération Internationale des Associations de Footballeurs Professionnels)는 1965년 12월 15일에 설립되었다. 프랑스, 스코틀랜드, 영국, 이탈리아 그리고 네덜란드 선수협을 비롯하여 현재는 67개 국가의 선수협이 가입되어 있다. 그간 FIFPRO는 프로축구 선수들을 결속하여 선수들의 권익을 발전시키는 여러 단체들과 협력하기 위해 노력했다. 또한 축구 선수들이 계약기간이 끝날 때, 본인이 희망하는 구단에서 뛸 수 있게 직업의 자유를 보장하고 있으며, 오늘날도 이 같은 목적을 위해 활동하고 있다.

FIFPRO는 국제축구연맹(FIFA: Fédération Internationale de Football Association) 뿐만 아니라, 유럽축구연맹(UEFA: Union of European Football Association) 그리고 유럽 연합 의회 및 집행 기관과 소통하며 주요 안건들을 조정하고 만들어간다. 유럽 국가들이 핵심이 되어 FIFPRO의 활동을 이어오고 있으며, 현재는 국제적인 단체가 되어 아시아, 오세아니아, 아프리카 및 아메리카 국가들과 함께 650,000여 명의 프로축구 선수들을 보호하고 있다.

현 FIFPRO 회장은 스페인 축구 선수 출신인 다비드 아간소(David Aganzo)이며 2021년부터 회장직을 수행하고 있다.

세계의 축구선수협회

1) 영국프로축구선수협회(The PFA: Professional Footballers' Association)

프리미어리그 베스트 11 및 올해의 선수상을 뽑는 것으로 가장 잘 알려져 있는 영국의 선수협은 1898년 AFU(Association Footballer's Union)라는 이름으로 영국에서 프로축구 선수들의 노동조합으로 시작되었다. 하지만 이 단체는 1901년에 해체되었는데, 당시 국내 리그(영국)에서의 선수 이적 규제를 완화하고 4파운드(당시 선수 주급은 4파운드가 최대) 샐러리캡(Salary Cap: 팀 연봉 총액 상한제)을 없애기 위해 노력했지만 성공적이지 못했다. 1907년 12월 2일, 과거 AFU 소속 및 당시 맨체스터 유나이티드(이하 '맨유') 선수였던 찰리 로버츠(Charlie Roberts) 그리고 빌리 메리딧(Billy Meredith)이 맨체스터 임페리얼 호텔에서 회의를 소집하여 AFPTU(Association Football Players' and Trainers' Union), 지금의 PFA를 설립했다. 설립 이후 선수 이적 규제 및 샐러리캡 제도 개선을 위해 활동했으나 영국축구협회로부터 인정받지는 못했다. 이에 AFPTU는 파업의 가능성을 제기했고, 영국축구협회는 소속 선수들을 1909-1910 시즌에서 배제했다. 리그 구단은 아마추어 선수들로 팀을 구성해야 하는 상황에 놓였는데 맨유는 선수들을 충분히 보강하지 못했고 브래드포트 시티와의 개막전을 취소해야만 했다. 당시의 맨유 선수들은 'Outcasts FC'(추방자 FC)라는 별명을 갖게 된다.

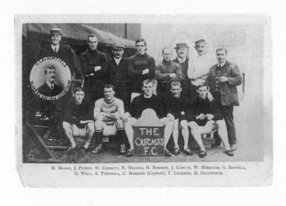

◀ 당시 구단으로부터
방출되었던
맨유 선수들(Outcasts FC)

　이러한 대립은 에버튼 소속 팀 콜먼(Tim Coleman)의 AFPTU 지지를 기점
으로 균열이 일어나기 시작한다. 콜먼의 지지로 많은 선수들이 AFPTU
와 함께하기 시작했고, 샐러리캡은 폐지되지 않았지만 수당 제도를 도입
하고 축구협회의 공식 지지를 얻으며 합의점에 이르게 된다. 이후 1956
년, PFA(Professional Footballer's Association)로 개명하고 발전을 거듭해 현재
는 현 영국 3부 리그 Oxford United 선수인 존 모우진요(John Mousinho)가
2021년 5월 회장으로 당선되어 회장직을 수행하고 있다.

2) 호주프로축구선수협회(PFA: The Professional Footballers Australia)

　호주의 선수협은 8번의 설립 시도 끝에 1993년 4월에 설립되었다. 1
부 리그의 선수였던 키몬 탈리아도로스(Kimon Taliadoros)가 1992년 이적
을 했을 때 계약기간이 만료되었음에도 불구하고 이전 구단에게 보상
금을 지급해야 했고, 이 사건으로 변호사이자 친한 친구인 브렌단 슈
왑(Brendan Schwab)과 함께 PFA를 설립했다. PFA는 1994년, 선수들을
위한 표준계약서를 만들고 선수들이 반대했던 이적 규정을 폐지했다.
1990년대 중반 이후 PFA는 선수들의 근무 여건, 급여 인상 및 임의탈

퇴 등 선수들의 인권 보호를 위해 노력하고 있다. 키몬 탈리아도로스(Kimon Taliadoros)가 1993년부터 1995년까지 초대 회장을 맡았고 이어서 브랜든 슈왑(Brendan Schwab)이 1995년부터 2003년까지 2대 회장직을 수행했다. 현 PFA 회장은 알렉스 윌킨슨(Alex Wilkinson)으로 2012-2015 전북 현대에서 선수 생활을 했으며 현재는 호주 A리그 시드니 FC 소속 현역 선수다.

3) 프랑스프로축구선수협회(UNFP: Union Nationale des Footballeurs Professionnels)

프랑스의 선수협은 선수들의 임금이 구단으로부터 지급되지 않을 경우, 생계에 어려움을 겪는 선수들을 보호하기 위해 선수협에서 먼저 임금을 대신 지급한다. 이후, 선수협이 구단에 청구하는 방식으로 선수들을 보호하고 있다.

4) 인도프로축구선수협회(FPAI: Football Players' Association of India)

인도의 선수협은 한 구단주가 전날 경기의 심판 판정이 마음에 들지 않아서 구단을 해체시키자 많은 선수들이 일자리를 잃었다. 그렇게 일방적으로 해고당한 선수들이 더 이상 나오지 않게 하기 위해 선수협을 결성하게 되었다.

5) 일본프로축구선수협회(JPFA: Japan Pro-Footballers Association)

일본의 선수협은 1996년에 시작되었다. 일본이 월드컵 본선에 진출하지 못하던 시절, "전 세계에 선수협이 있으니 너희도 한번 만들어봐라"라고 일본축구협회 측에서 제안하여 시작되었다. 일본선수협 사무국장은 "일본에서 한국처럼 선수협을 만들어야 했다면 우리는 하지 못했을 것이다. 하지만 우리는 운이 좋았던 게, 월드컵에 못 나가던 시절 협회와의 식사자리에서 '선수협을 만들어봐라'라고 오히려 역제안을 받았다. 이에 선수협을 구성하며 억압과 견제 없이 만들었다"라고 말했다. 일본의 경우 이처럼 협회의 제안으로 구성된 선수협이었기에, 협회와 긍정적인 관계를 유지하며 선수들의 권익 보호를 위해 노력 중이다.

6) 미국프로축구선수협회(MLSPA: Major League Soccer Players Association)

미국의 선수협은 1996년 이아인 프레이저(Iain Fraser)와 7명의 MLS 선수들이 MLS, 리그 투자자 및 미국 축구 연맹을 상대로 독점금지법 관련 소송으로부터 시작되었다. '단일 조직(Single Entity)'으로 운영되고 있는 리그는 급여를 제한하고 선수들의 가치를 온전히 대우받지 못하게 하는 시스템이라고 주장을 했다. 또한 MLS와 미국 축구 연맹이 선의의 경쟁을 제한하는 '모노폴리'(독점) 시스템을 비판했다. 하지만 소송은 결국 패소를 했고, 선수들의 목소리를 전달할 창구의 필요성을 느낀 선수들은 MLSPA(당시 MLS Players Union)를 설립했다. 창립 멤버로는 란돈 도노반(Landon Donovan), 팀 하워드(Tim Howard), 크리스 클라인(Chris Klein), 알렉시 랄라스(Alexi Lalas), 그리고 벤 올센(Ben Olsen)이 있다.

MLSPA 발족 시에는 단체를 운영할 수 있는 펀딩이 없었고 영향력의 부재로 파업을 할 수 있을지에 대한 의문이 있었다. 리그 설립 당시 선수들의 목소리가 전혀 포함되지 않았고, 규정 작성 시 선수들의 권익을 일제히 배제시킨 시스템이 구축되어 있었기에 해당 규정들을 하나씩 싸워서 뒤집어야 하는 어려움이 있었으나, 현재는 선수들의 권익을 충분히 보호하고 있는 단체로 성장했다. MLSPA는 2005년, 2010년, 2015년 그리고 2020년 총 4차례에 걸쳐서 CBA(Collective Bargaining Agreement: 노사 단체 협약)를 MLS와 체결했다. CBA 체결 이전 선수들이 보장받지 못했던 기본적인 의료 보험 및 퇴직 수당 등 선수들에게 다양한 권리를 찾아줬다. 선수들의 투표로 구단 대표 선수를 선정한 후, 구단 대표 선수들이 7명의 이사진을 선정하는 시스템으로 운영하고 있다.

KOREA PRO-FOOTBALLER'S ASSOCIATION

CHAPTER 2.

화려함 속에 감춰진
어두운 현실

부당한 대우가 일상인 세계, 선수들의 권리는?

　　대부분의 사람들은 축구 선수라고 하면 높은 연봉을 받으며 많은 팬을 보유하고 있는 화려한 모습으로 바라본다. 이러한 시각은 2002년 월드컵 열풍이 불고 한국축구에 대한 관심이 증대하면서 더욱 커졌다. 하지만 화려함 속에 감춰진 뒷면에서는 우리가 상상도 못 할 일들이 벌어지고 있다. 바로 축구계에 만연한 일상적 부조리다.

　여기서 중요한 점은 겉으로 드러나지 않는 선수들을 향한 부당한 대우가 일상이 되어 있다는 것이다. 누군가 "한두 사람의 문제를 크게 부풀려서 이야기하지 말라"라고 말할 수도 있겠지만, 선수들의 속사정을 들여다보면 몇몇 예외적인 사례로 치부할 수만은 없는 문제들이다. 가령 구단 혹은 에이전트와 계약을 체결하고도 계약서를 받지 못한 선수들이 비일비재하고, 심지어 계약 문서를 위조한 사례도 있었다.

　또한 다년 계약을 통해 선수를 구단에 묶어두고, 그해 선수의 성과(Performance)가 부진하거나 부상을 입는 경우, 혹은 감독이 바뀌며 그 선수가 필요하지 않은 경우 훈련에서 배제하고 숙소를 제공하지 않는다거나, 심할 경우 남은 계약기간에 대한 보상 없이 방출하는 사례도 많았다.

　2018년 가을에 대전 시티즌(이하 '대전')의 선수 8명으로부터 연락이 왔다. 계약기간이 남았음에도 불구하고 구단에서 숙소와 훈련 배제, 계약 해지를 종용한다는 것이었다. 이 문제를 접하고 나는 공정한 판단을 위해 선수들과 면담 후 해당 내용을 바탕으로 구단과 대화했다. 당시 대전은 선수단 규모가 53명으로 K리그에서는 최고 수준이었다. 이 선수들

중 33명만이 전지훈련을 위해 태국으로 떠났으며 나머지는 테스트라는 명목으로 국내에서 훈련을 하게 했다.

한 구단에서 8명의 선수가 도움을 요청한 것은 매우 이례적인 일이었다. 물론 매년 이와 같은 문제로 많은 선수들이 도움을 요청했으며, 선수협은 사실관계를 파악한 후 지급명령 신청 등을 통해 그들을 도왔다. 다행히도 대전 선수들은 법정 소송까지는 가지 않고 문제가 잘 해결되었다.

◀ 나와 남준재 선수

이후 남준재 선수가 성남FC(이하 '성남')를 상대로 미지급 급여에 대한 지급 청구 소송을 제기했다. 남준재 선수는 성남과 2019년 12월 31일까지 계약이 되어 있었으나, 성남 측에서 2017년 12월 16일부터 일방적 방출 및 동계 훈련 제외를 통보하였으며, 심지어 2018년 1월부터는 급여를 지급하지 않았다.

계약기간이 남아 있음에도 불구하고 이처럼 선수에게 급여를 지급하지 않고 방출을 통보하는 사건들이 비일비재하던 시기였다. 선수들은 구단으로부터 더욱 큰 피해를 받고 축구계에서 낙인 찍혀 다시는 선수 생활을 할 수 없을지도 모른다는 두려움에 구단의 일방적인 요구를 받아들여야만 하는 절대 '을'의 입장이었다.

　이렇게 구단에 피해를 받을까 봐 목소리를 내지 않고 오히려 숨는 선수들이 너무나도 많았다. 그런 상황에서 남준재 선수는 부조리한 관행을 바로잡기 위해 큰 용기를 냈다. 남준재 선수에 이어 많은 선수들이 용기를 내기 시작했다. FC안양(이하 '안양')의 선수와 모 구단의 한 선수(민감한 내용을 담고 있기에 구단은 공개하지 않음)가 남준재 선수와 유사한 사건으로 소송을 제기했다. 안양의 한 선수는 2019년 12월 31일까지 계약이 되어 있었으나 2017년 12월 초에 훈련에 참가하지 말 것을 통보받았다. 이어 2018년 1월부터는 급여를 지급받지 못하고 있는 상황이었다.

　선수협이 대응을 시작하자 안양 측에서는 소송을 제기한 선수들을 포함하여 훈련에 참가시키지 않았던 선수들까지 팀 훈련에 참가하도록 조치했다. 하지만 안양의 선수들은 훈련 복귀와 별개로 급여 미지급분에 대한 권리를 찾기 위한 소송을 진행했다.

　또한 같은 팀의 한 선수도 계약기간이 남았음에도 불구하고 일방적으로 계약 해지 통보를 받고 팀 훈련에서 배제당하고 있었다. 결국 선수들은 미지급 급여를 지급받았고, 당시 한 선수로부터 이런 말을 전해 들었다. "대표 이사가 선수협이 모든 일을 시켰다고 말하라고 종용하면서, 자신의 말을 들으면 구단 복귀 및 모든 문제를 해결해주겠다고 했다. 하지만 나는 그런 거짓말은 할 수 없었다"라고 말했다.

　당연한 권리를 주장하는 선수협에 대한 대응이 고작 이 정도인가 하는 실망감과 안타까움이 있었다. 그래도 우리가 있기에 도움을 받을 수 있는 선수가 있다는 것을 알고 있었기에 구단이 방해하는, 어쩌면 지엽적인 일에 휘둘릴 필요가 없었다.

사실 선수협이 쉽게 갈 수 있는 방법은 여러 가지가 있었다. 구단이나 연맹 관계자들과의 속칭 '딜(Deal)'을 통해 적당히 나누자는 제안도 있었다. 제안을 받아들이면 선수협을 인정하고 쉽게 가게 해주겠다는 달콤한 미끼를 던지며 접근하는 자들이 대부분이었다.

하지만 선수협은 선수 권리 보호를 위한 길에서는 언제나 떳떳해야 하며, 선수의 권리는 타협의 대상이 아니라는 신념 아래 지금까지도 유혹에 타협하지 않으며 우리만의 길을 걷고 있다. 그것이 쉬운 길이건, 쉽지 않은 길이건 우리가 걸어야 할 길은 하나였다. 그 길에, 당당하지 못한 일이 더해진다면 우리가 목표한 바를 이뤘을 때 그것이 정당하지 않게 비쳐질 수 있다. 그러면 결국 모든 피해는 선수들이 볼 것이 자명했기에 우리는 이 길을 선택할 수밖에 없었으며 다른 방식은 고려조차 하지 않았다.

보통 해외뿐만 아니라 일반적인 상식으로 다년 계약을 할 경우, 계약서에 명시된 연봉과 계약기간을 포함한 모든 내용은 당연히 보장되어야 한다. 하지만 매년 수많은 선수들이 계약서의 내용과 다른 대우로 인해 힘들어했다. 구단이라는 '갑'의 횡포에 그저 속수무책 당해왔던 '을'의 입장인 선수의 무기력한 모습을 볼 때마다 매우 안타까웠다. 분명 연맹이나 구단들도 이러한 상황을 인식하고 있을 텐데, 개선하기 위한 움직임이 전혀 없는 현실이 아쉬울 뿐이었다.

이런 상황은 선수들이 도저히 축구에만 집중할 수 없는 환경이었다. 이때부터 나는 마이너스(-) 축구계를 제로(0)의 상황으로라도 돌려놓겠다고 다짐하게 된다.

그러나 나의 바람과는 다르게 설상가상 선수들이 선수협에 등을 돌리는 사건도 있었다. 선수협이 피해를 본 선수들과 함께 소송을 진행하며 권리 구제에 나서는 일이 선수협 독단으로 이루어지고 있다고 구단들이 거짓된 정보를 퍼트리는 것이었다. 더욱 기가 막힌 것은 그런 구단의 거짓 주장에 선수들이 앞장서고 있다는 점이었다.

구단은 선수들에게 훈련에 복귀시켜 줄 테니 선수협과 진행하는 일을 멈추라고 종용했었다. 특히 어떤 선수는 선수협과 상담하면서 힘든 상황을 공유하고 함께 소송까지 진행해보기로 했으나, 구단의 팀 복귀 제시에 응하면서 보도자료를 통해 선수협이 모든 일을 단독으로 진행한 것이라고 발표해버렸다.

소송은 당사자의 동의가 없으면 그를 대리하여 진행하기 힘든 구조라는 것은 누구나 알 수 있는 사실이었다. 하지만 선수협은 당시 이러한 속사정을 전부 공개할 수는 없었다. 많은 고민이 있었다. 선수협이 단체로서의 체면을 먼저 생각했었다면, 그 내용을 전부 공개하고 당당하게 일을 진행했다는 것을 알릴 수도 있었다. 그러나 선수협은 선수들을 위하고, 보호하는 단체이기에 그 선수가 만족하는 상황이 되고 팀에 복귀했으면 선수협의 역할은 다한 것이라 생각했다. 그래서 더 이상 문제를 이슈화하지 않고 그대로 종결하기로 했다.

세월이 지난 후에 그 선수에게서 연락이 왔다. 선수는 "팀에 들어가야 하는데 '선수협에서 이렇게 하라고 해서 한 거다'라고 구단에서 시켰다"라며 울먹였다. 선수협이 모든 일을 단독으로 진행했다고 발표한 당시 그 선수는 나에게 전화하여 "나는 구단에 들어가야 하는데 제발 그냥 그렇게 기사 내주시면 안 돼요?"라고 부탁 아닌 부탁을 했었다.

선수는 구단에서 거짓된 정보를 알리기를 자신에게 지시했고, 이에 따르지 않으면 닥칠 현실적 두려움에 그는 어쩔 수 없었다며 미안하다고 말했다. 선수협은 그 선수의 상황을 이해하기에 그를 원망하지는 않았다. 다만, 선수들이 구단의 눈치를 보고 자신의 정당한 권리를 억압받는 상황이 더욱 안타깝고 개탄스러웠을 뿐이었다.

이 사건은 선수들을 보호하기 위해서는 개개인의 상황 인식과 의지도 중요하지만, 결국 제도를 개선해서 선수들의 권리 보호를 위한 환경을 조성하는 것이 시급하다는 것을 다시금 깨닫게 해준 계기가 되었다.

이후 한국축구계에 선수들의 권익과 관련해 큰 획을 그을 만한 판례가 나왔다. 바로 이원규, 문창현 선수의 승소 소식이었다.

 ## 뿌리 깊은 악습에 경종을 울리다

이원규, 문창현 선수는 당시 성남 소속으로, 2015년 1월 1일부터 2017년 12월 31일까지 성남과 계약을 맺었다. 그러나 성남은 2016년 시즌 말 두 선수를 무단으로 방출했고 급여 지급도 중단했다.

하루아침에 실직자가 되어버린 두 선수는 선수협에 도움을 청해왔고, 선수협은 구단의 계약기간 내 무단 방출, 급여 미지급, 숙소 및 훈련 배제 등 축구계에 만연한 악습을 뿌리 뽑고자, 선수들이 나아가는 길에 동반자가 되기로 했다.

사실관계 파악을 위해 구단과 대화를 했지만 원만한 해결을 볼 수 없는 상황이어서 결국 선수협은 선수들과 함께 소송을 진행하기로 했다. 소송이 진행되자 성남 측은 두 선수가 스스로 팀을 떠나 구단과 선수 사이의 계약이 합의 해지된 것이라 주장하며 잔여 임금은 지급할 필요가 없다고 맞섰다.

법원의 최종 선고가 나기까지 몇 년이 걸렸다. 기다림의 시간이 길어질수록 선수들의 마음은 피 말라가고 있었다. 심지어 소송을 진행했던 한 선수의 부모님이 전화를 해서 "왜 가만히 있는 애를 선수협이 이렇게 만드는지…… 아들은 계속 축구를 해야 할 텐데 구단과 대립하면 어떻게 하나…… 그러지 말라"라면서 많은 걱정을 했다. 이처럼 현실은 가혹하기만 했다. 그 어느 것 하나 쉽게 넘어갈 수 있는 일이 없었다.

부모님의 심정은 십분 이해했다. 그런 생각이 들수록 내가 괜한 짓을 한 것이 아닌지, 용기 내준 선수들이 고맙기는 한데 그 선수들이 감당해야 할 짐이 너무나 버겁지나 않을지 하는 생각에 밤잠을 설쳤다. 하지만 두 선수는 '프로선수로서 이런 대우를 당하는 것은 부당하다'라며 끝까지 함께 하자고 굳은 결심을 내비쳤다.

나는 용기를 내준 두 선수의 희생이 헛되지 않도록 반드시 법정에서 승소하여 판례로 남겨야겠다고 생각했다. 두 선수의 판결은 그들의 권리를 되찾아주는 것에 그치는 것이 아니었다. 한국축구계의 오랜 악습을 바꿀 수 있는 중요한 계기가 될 것으로 판단했다. 그래서 선수협은 소송 준비를 허투루 할 수 없었다. 계약서 등 국내의 증거뿐만 아니라, FIFPRO의 서신과 FIFPRO 아시아 야마자키 회장의 의견서 등 부족하다 못해 넘칠 정도로 할 수 있는 모든 것을 동원하여 준비했다.

당시 야마자키 회장은 FIFA DRC(Dispute Resolution Chamber: 분쟁조정위원회)

의 중재위원을 담당하고 있었다. FIFA DRC는 프로축구클럽과 프로축구 선수의 계약에 관한 분쟁(급여의 미지급이나 계약의 일방적 해지)을 다루는 분쟁 해결기구였다.

야마자키 회장은 이원규와 문창현 선수뿐만 아니라 유사한 사례가 한 국에서 다시는 발생하지 않기를 바라는 마음으로 다음과 같은 진술서를 보내주었다. 진술서 원본 및 통역본을 함께 보자.

陳　述　書

2018 年 12 月　　日

FIFA 紛争解決室仲裁人

山崎　卓也

第1　はじめに

　私は，2009 年から FIFA（国際サッカー連盟）の紛争解決室（Dispute Resolution Chamber[1]。以下 DRC といいます）という、プロサッカークラブと、プロサッカー選手の契約に関する紛争（給料の未払や、契約の一方的解除など）を取り扱う紛争解決機関の委員（仲裁人）をしています。

　この DRC は、例えば、マレーシアのクラブと韓国の選手との間の紛争のような、クラブと選手が、違う国にまたがるタイプの紛争（国際紛争）を取り扱う機関として、2002年から設置されたものであり、その裁判官の役割を果たす仲裁人は、クラブ側から選ばれた 13 名と、選手側から選ばれた 13 名の合計 26 名と、チェアマン・副チェアマン各 1 名を加えた合計 28 名から成り立っています[2]。個別の紛争についての判断は、この中から選ばれた、クラブ側 1 名～3 名、選手側 1 名～3 名とチェアマン 1 名の、合計 3 名から 7 名で構成されるパネルによって行われます。

　私は 1997 年に日本で弁護士資格を取得し、それ以来、プロ野球やサッカーの選手会（選手の労働組合）の弁護士の仕事を長年にわたって行ってきた関係で、2009 年に、国際プロサッカー選手会（FIFPro）から、上記 DRC の仲裁人への就任を依頼され、世界で 28 人しかなることのできない、スポーツ界での著名な紛争解決機関の仲裁人になることは、この分野の専門家として大変光栄なことと感じたので、引き受けました。

---

[1] https://www.fifa.com/governance/dispute-resolution-system/index.html

[2] https://resources.fifa.com/image/upload/composition-of-the-members-of-the-dispute-resolution-chamber.pdf?cloudid=pxc12gjtwx4fdkvrqbrt

1

第2　選手契約に関する FIFA の国際ルールと韓国での適用について

　プロサッカー選手と、プロクラブとの間の選手契約については、FIFA の傘下にある全世界のサッカー協会（大韓サッカー協会など）や、その傘下にあるリーグ・クラブ（韓国の K リーグクラブなど）が守らなければならないルールが、FIFA によって定められています。

　そのルールの代表的なものは、選手の地位・移籍に関する規則（Regulations on the Status and Transfer of Players[3]。通常 RSTP と呼ばれますので、以下 RSTP といいます）であり、そこでは、クラブや選手が守らなければならない原則や、違反した場合の罰則などが詳細に定められています。

　この中のもっとも重要なルールの1つは、RSTP 第 17 条に定められている、正当な理由なく契約を解除した場合の効果に関する条文です。同条では以下のように定められています。

【RSTP 第 17 条 1 項】

1.　In all cases, the party in breach shall pay compensation　（どのような場合でも正当な理由なく契約を解除した当事者は賠償金を支払わなければならない）

（途中省略）

Bearing in mind the aforementioned principles, compensation due to a player shall be calculated as follows:（前述の原則を考慮の上、選手への賠償金の金額は以下のように計算される）

i. in case the player did not sign any new contract following the termination of his previous contract, as a general rule, the compensation shall be equal to the residual value of the contract that was prematurely terminated;（選手が、契約を解除されたあと、新しいクラブと契約していない場合は、賠償金の額は、原則として、その早期解除がなかったとしたならば支払われたであろう金額(residual value)と同額とする）。

---

[3]

https://resources.fifa.com/image/upload/regulations-on-the-status-and-transfer-of-players.pdf?cloudid=adi1292xtnibmwrqnimy

2

つまり、例えば 3 年契約があるのに、2 年が終了した時点で、クラブ側が一方的な事情で契約を解除（正当な理由なく解除）した場合、クラブは選手に対して、残り 1 年分の年俸相当額を払わなければならない、それが上記のルールで示されている原則です。

このルールは、RSTP の第 1 条 3 項 b)によって、FIFA 傘下の各国協会がすべて、それと同じルールを作成して、各国内で実施しなければならない義務を負うものとされているので、当然大韓サッカー協会にも適用されますし、本件で問題となっている城南 FC と、イ・ウォンギュ選手、ムン・チャンヒョン選手各選手の契約についても適用されるものです。

第3　本件の第一審判決が不合理であることについて

上記のルールからすれば、本件において城南 FC が、イ選手、ムン選手に対して、3 年契約のうち、まだ 1 年以上の期間が残っていたにもかかわらず、同選手たちの練習参加を拒否し、退団に追い込んだことは、明らかに、正当な理由のない契約の解除に該当します。従って、城南 FC は、両選手に対して、それぞれ本来の契約で定められた契約期間満了までの残りの年俸額全額を支払わなければならないことになります。

この点、本件の第一審判決は、城南 FC は、両選手に、単に「別のチームへ移籍して欲しい」と、移籍を提案または勧誘したに過ぎない、従って、クラブの正当理由のない一方的解除は存在しないと判断したようですが、明らかに不当な判断です。

同選手たちが、2016 年 10 月にクラブから不要であるといわれ、練習への参加すらも拒否されたことは、まさにクラブによる正当な理由のない契約の解除に他なりません。たしかに、クラブがもはや戦力として不要になった選手に対して、他のクラブへの移籍を促すことは、実務上も、よく見られることですが、そのような場合でも、クラブは、選手の練習参加を認めながら選手の今後について協議することは可能ですし、実際にもよく行われています。そして、そのような場合においては、選手とクラブとの間で協議して、お互いに、新しいクラブを探す努力をしたり、その過程で、選手が他のクラブの練習に参加する（他のクラブへの就職活動として自分のパフォーマンスを見せるための

3

一種の入団テスト）ということもよく行われます。なぜなら、選手はそのクラブから不要とされている以上、他のクラブを探さないと試合への出場機会が得られませんし、クラブはもし新しいクラブが見つかった場合は、新しいクラブから選手に支払われる給料に相当する額について、賠償義務を免れることになる（つまり本来残りの契約期間全部の年俸額を払わなければならなかったところ、その期間内に選手が新しいクラブと契約することになった場合は、その金額に相当する分、賠償金を支払わなくていいことになる）ので、双方にとってメリットのある活動になるからです。

　ただし、お互いが努力しても、さまざまな事情などにより、新しいクラブが見つからない場合もあるので、その場合は、原則どおり、クラブが早期解除に伴う賠償金を選手に支払うことになります。

　したがって、選手が他のクラブへの練習に参加していることをもって、選手とクラブが契約を合意解除したと判断することは、上記のようなサッカー界の実務からはありえないことです。このような場合は、選手は、クラブから不要と判断されたために、仕方なく他のクラブを探しているに過ぎないからであって、決して、自ら解除に合意しているわけではないからです。

　また、第一審判決は、韓国のプロサッカー連盟規定第23条に「選手が前の条件より悪くない条件で新しい球団にトレードされるときは、選手はこれを拒否できない」と規定していることを理由に、球団が選手をいつでも移籍させる権利を持つ、したがって、球団が選手に移籍を勧誘または提案したとしても、これが契約違反だとは言えないと判示しているようですが、これも非常に不合理な判断です。そもそも、城南 FC は、2016年10月に、選手の練習参加すら拒否しているわけですから、本件が、単に「球団が選手に移籍を勧誘または提案した」とはいえない事案であることは明らかです。

　DRC や、その上訴機関である CAS（スポーツ仲裁裁判所）の過去の判例では、クラブが戦力として不要と判断した選手に対して、練習参加を拒否したり、1人での練習を強いたケース（チームメイトと一緒に練習できない状態にされ、1人でグラウンドを走らされるといったトレーニングをさせられるケース）の多くが、クラブの契約違反と認

4

定されています。なぜなら、サッカーはチームスポーツであり、ボールを使ってチームメイトと一緒に練習できないと自らのコンディションを維持することが難しいスポーツだからです。怪我などの理由で、一定の期間を定めて練習を免除したり、1人でのトレーニングを指示するような場合は別ですが、無期限で1人で練習させたり、ましてやクラブの練習への参加を拒否することは、明らかに、クラブが精神的に選手を追い詰めるために行われるとしか考えられない行動で、世界的にも、クラブの選手に対するハラスメントとして、強く非難されています。なお、このようなクラブの行動は、本件のように、契約の早期解除をして、本来であれば、残りの契約期間の年俸額を賠償金として選手に支払わなければならないクラブが、その賠償金の支払いを免れるため（つまり選手を精神的に追い詰めて、選手から退団したいという気持ちにさせた上で、「合意のもとに」契約を解除したという形にするため）に、世界的に頻繁に行われてきましたが、現在では、**DRC** や **CAS** の判例によって、**abusive conduct** の一種としてクラブ側の契約違反とされるようになっています。

第4　賠償されるべき金額について（年俸の決まっていない複数年契約の問題点）

　以上により、城南 **FC** は、イ選手、ムン選手いずれに対しても、残りの契約期間に相当する額の年俸（つまり残り1年分の年俸）相当額を賠償金として、それぞれの選手に支払うべきですが、城南 **FC** と両選手の契約では、各年の年俸は、毎年協議して定めるという条文があったようであり、それゆえ、本件でも、3年目に相当する 2017 年度の年俸は、保証されたものとしては存在しない、従って、賠償金の額はゼロにもなりうるという議論が行われているように聞いています。

　しかしながら、そもそも、上記のような契約の定めは、**FIFA** の **RSTP** 及び **DRC** の判例によって無効とされています。

　上記の契約の定めは結局のところ、3年契約ではありながら、クラブ側が一方的に選手の年俸を減額することができるという定めに他なりません。つまり、複数年契約を結んだ場合、選手はその契約期間中は、他のクラブに移籍できないことになります（もし

5

移籍する場合は、移籍先クラブは元のクラブから多額の暗償金を請求される）が、その
ような状況の中で、例えば城南 FC が、イ選手の 2016 年のパフォーマンスが悪かった
ことを理由に、同選手の 2017 年の年俸 2800 万ウォンを、10 分の 1 である、280 万ウ
ォンに下げるという提示をした場合、イ選手は、それより高い年俸を提示してくれる他
のクラブに移籍することはできない状態ですので、実際上、イ選手は、その提示を飲む
しかない状況になります。

　つまり、このような契約の定めは、結局のところ、クラブが一方的に選手の年俸を減
らすことができる権利を持つということを定めていることに他ならず、そのような定め
は、クラブに一方的に有利な、不合理な定めとして、仮に契約上明確に規定されていた
としても、DRC の判例上、無効とされています（DRC 事件番号 11121922 に関する
2012 年 11 月 6 日判決など）。

　従って、2017 年のイ選手、ムン選手の年俸が協議されていなかったとしても、同選手
たちへの暗償額は、2016 年度の年俸より低い金額であってはならないことは明らかで
す。従って、イ選手に対しては最低でも 2800 万ウォン、ムン選手に対しては、最低で
も 3600 万ウォンが、暗償額として認定されるべきです。

　さらにいえば、ムン選手の 2016 年の年俸は、2015 年度の年俸の 3800 万ウォンから、
200 万ウォン減額された結果、3600 万ウォンとなっていたことから考えれば、むしろ
2016 年の年俸額すらも不当であり、ムン選手には、2015 年の年俸相当額である、3800
万ウォンが暗償金として支払われるべきだとすら考えます。

以上

6

진술서

FIFA분쟁조정위원회 중재인
야마자키 타쿠야

• 제1 시작하며

저는 2009년부터 FIFA(국제축구연맹)의 분쟁조정위원회(Dispute Resolution Chamber, 이하 'DRC'라 함)이라고 하는, 프로축구클럽과 프로축구 선수의 계약에 관한 분쟁(계약의 일방적 해지)을 다루는 분쟁해결기구의 위원(중재인)을 하고 있습니다.

이 DRC는 예를 들면, 말레이시아클럽과 한국 선수 간의 분쟁과 같이 클럽과 선수가 다른 나라에 걸쳐 있는 형태의 분쟁(국제분쟁)을 다루는 기관으로서, 2002년부터 설치되었으며, 그 재판관으로서의 역할을 하게 되는 중재인은 클럽 측으로부터 선출된 13명과 선수 측으로부터 선출된 13명 합계 26명과, 회장 부회장 각 1명을 더한 합계 28명으로 구성되어 있습니다. 개별 분쟁에 대한 판단은 여기서 뽑힌 클럽 측 1~3명, 선수 측 1~3명과 회장 1명, 합계 3명 내지 7명으로 구성된 패널에 의해 이루어집니다.

저는 1997년에 일본에서 변호사 자격을 취득한 이래 프로야구 및 프로축구선수협회(선수의 노동조합)의 변호사 업무를 오랜 기간에 걸쳐 수행해온 관계로, 2009년에 국제축구선수협회(FIFPro)로부터 상기 DRC 중재인 취임을 의뢰받았는바, 세계에서 28명밖에 될 수 없는, 스포츠계에서의 저명한 분쟁해결기관의 중재인이 되는 것은 그 분야의 전문가로서 대단한 영광이라고 생각하여 중재인 취임을 수락하였습니다.

- **제2 선수계약에 관한 FIFA의 국제규정과 한국에서의 적용에 대해**

프로축구 선수와 프로클럽 간의 선수계약에 대해서는, FIFA의 산하에 있는 전 세계 축구협회(대한축구협회 등)나, 그 산하에 있는 리그 클럽(한국의 K리그 및 클럽 등)이 지켜야만 하는 규칙이 FIFA에 의해 규정되어 있습니다.

그 규칙의 대표적인 것은 선수의 지위 이적에 관한 규칙(Regulations on the Status and Transfer of Players. 통상 RSTP라고 부르므로 이하 'RSTP'라 칭함)으로서, 여기에는, 클럽이나 선수가 지켜야 하는 원칙이나 위반한 경우의 벌칙 등이 상세하게 정해져 있습니다.

그 가운데 가장 중요한 규칙의 하나는 RSTP 제17조에 규정되어 있는, 정당한 이유 없이 계약을 해지한 경우의 효과에 관한 조문입니다. 동조에서는 아래와 같이 규정되어 있습니다.

[RSTP 제17조 제1항]

- In all cases, the party in breach shall pay compensation (어떠한 경우에도 정당한 이유 없이 계약을 해지한 당사자는 배상금을 지급해야 한다)

(중도생략)

Bearing in mind the aforementioned principles, compensation due to a player shall be calculated as follows:(전술한 원칙을 고려하여, 선수에 대한 배상금의 금액은 아래와 같이 계산된다)

I. In case the player did not sign any new contract following the termination of his previous contract, as a general rule, the compensation shall be equal to the residual value of the contract that was prematurely terminated;(선수가 계약이 해지된 후 새 클럽과 계약을 체결하고 있지 않은 경우에는, 배상금의 액은 원칙적으로 그 조기해지가 없었다면 지급받았을 금액으로 한다)

한국축구의 미래를 꿈꾸다

즉 예를 들어 3년 계약이 체결되어 있는데 2년이 종료된 시섬에서 클럽 측이 일방적인 사정으로 계약을 해지(정당한 이유 없이 해지)한 경우, 클럽은 선수에 대해서, 남은 1년분의 연봉상당액을 지불해야 한다. 이것이 위 규칙이 밝히고 있는 원칙입니다.

이 규칙은, RSTP 제1조 3항 b)에 의해, FIFA 산하의 각 협회가 모두 이것과 같은 규칙을 작성하여 각 국가 내에서 실시하여야 할 의무를 부담하고 있기 때문에, 당연히 대한축구협회에도 적용되는 것이며, 본 건에서 문제가 되고 있는 성남FC구단과 이원규 선수, 문창현 선수 각 선수의 계약에도 적용되는 것입니다.

- **제3 본 건 제1심판결이 불합리한 점에 대해서**

상기 규칙으로부터 본다면, 본 건에서 성남FC가 이원규, 문창현 선수에 대해 3년 계약 중 아직 1년 이상의 기간이 남아 있음에도 불구하고, 동 선수들의 연습참가를 거부하고 퇴단(退團)으로 몰아간 것은 명백하게 정당한 이유 없는 계약의 해지에 해당합니다. 따라서 성남FC는 양 선수에 대해 각각 본래의 계약에서 정해진 계약기간만료까지의 남은 연봉액 전액을 지불하여야만 합니다.

동 선수들이 2016년 10월에 클럽으로부터 "전력상 필요없다"라는 통보를 듣고 연습참가조차도 거부된 것은 실로 클럽에 의한 정당한 이유 없는 해지에 다름 아닙니다. 확실히, 클럽이 전력상 불필요하게 된 선수에 대해 다른 클럽으로의 이적을 촉구하는 것은 실무상으로도 흔히 있는 일이지만, 그러한 경우에도 클럽은 선수의 연습참가를 인정하면서 선수의 장래에 대해 협의할 수 있는 것이고, 실제로도 이렇게 진행하고 있습니다. 그리고 그러한 경우에는 선수와 클럽 간에 협의하여 상호 간에 새로운 클럽을 찾는 노력을 한다든지, 그 과정에서, 선수가 다른 클럽의 연습(다른 클럽에의 취직활동으로서 자신의 퍼포먼스를 보여주기 위한 일종의 입단테스트)에 참가하기도 합니다. 왜냐하면, 선수는 그 클럽에게 불필요하다고 판단된 이상, 다른 클럽을 찾지 않으면 출장기회를 얻을 수 없고, 클럽은 만일 새로운 클럽을 찾게 된 경우는 새로운 클럽으로부터 선수에게 지급되는 급여에 상당하는 금액에 대해서 배상의무를 면하게 되기 때문에(즉. 본래 남은 계약기간 전부의 연봉액을 지급해야 하는 바, 그 기간 내에 선수가 새로운 클럽과 계약하게 된 경우에는 그 금액에 상당하는 부분은 배상하지 않아도 되는 것임), 쌍방에게 모두 메리트가 있는 활동이 되기 때문입니다.

단, 서로 노력해도 다양한 사정에 의해 새로운 클럽을 찾을 수 없는 경우도 있기 때문에, 그 경우에는 원칙대로 클럽이 조기해지에 따른 배상금을 선수에게 지불하는 것이 됩니다.

　　따라서, 선수가 다른 클럽의 연습에 참가하고 있는 것을 가지고, 선수와 클럽이 계약을 합의해지 했다고 판단하는 것은 상기와 같은 축구계의 실무로부터 볼 때 있을 수 없는 일입니다. 이러한 경우는, 선수는 클럽으로부터 불필요하다는 판단을 받고서 어쩔 수 없이 다른 클럽을 찾고 있는 것에 지나지 않기 때문이며, 결코 스스로 해지에 합의하고 있는 것이 아니기 때문입니다.

　　또 제1심판결은 한국의 프로축구연맹규정 제23조에 "선수가 전의 조건보다 나쁘지 않은 조건으로 새 구단에 트레이드 되는 때에는, 선수는 이를 거부할 수 없다"라고 규정하고 있을 것을 이유로, "구단이 선수를 언제든지 이적시킬 권리를 갖는다, 따라서, 구단이 선수에게 이적을 권유 또는 제안했다고 하더라도 이것이 계약위반이라고는 할 수 없다"고 판시하고 있으나, 이것은 극히 불합리한 판단입니다. 애초 성남 FC는 2016년 10월에 선수의 연습참가조차 거부하고 있었던 것이었기 때문에, 본 건이 단순히 "구단이 선수에게 이적을 권유하거나 또는 제안한 사건"이라고는 할 수 없음은 명백합니다.

DRC나 그 상소기관인 CAS(스포츠중재재판소)의 과거의 판례에서는, 클럽이 전력으로서 불필요하다고 판단한 선수에 대해 **연습참가를 거부한다든지, 혼자서 연습하게 한 사안**(혼자서 그라운드를 뛰게 한다든가 한 케이스)**의 많은 케이스가 클럽의 계약위반으로 인정되었습니다.** 왜냐면, 축구는 팀 스포츠이고, 볼을 사용하여 팀 메이트와 함께 연습할 수 없으면 자신의 컨디션을 유지하는 것이 어려운 스포츠이기 때문입니다. 부상 등을 이유로 일정 기간을 정해 연습을 면제한다든가 1인 연습을 지시하는 경우는 별개입니다만, **무제한으로 1인 연습을 시킨다든가 클럽에의 연습참가를 거부하는 것은 명백히 클럽이 정신적으로 선수를 압박하기 위해 하는 것으로밖에는 생각할 수 없는 행동으로서, 세계적으로도, 클럽의 선수에 대한 "집단 괴롭힘"으로서 강하게 비난받고 있습니다. 또한 이러한 클럽의 행동은 본 건과 같이 계약의 조기해지를 해서 본래대로라면 남은 계약기간의 연봉액을 배상액으로서 선수에게 지불해야 하는 클럽이, 그 배상금 지불을 면하기 위해**(즉 선수를 정신적으로 괴롭혀 선수로 하여금 팀을 나가고 싶은 기분을 만든 후, '합의에 기해' 계약을 해지한 형태로 만들기 위해), **세계적으로 빈번히 이루어져 왔습니다만, 현재 DRC나 CAS의 판례에 의해, Abusive Conduct의 일종으로서 클럽 측의 계약위반으로 되도록 되어 있습니다.**

- **제4 배상되어야 하는 금액에 대하여**(연봉이 정해져 있지 않은 복수

  년계약의 문제점)

이상에 의해, 성남FC는 이원규, 문창현 선수 누구에 대해서도 남은 계약기간에 상당한 액의 연봉(즉 남은 1년분의 연봉) 상당액을 배상액으로서 각 선수에게 지불해야 하지만, 성남FC와 양 선수의 계약에서는 각 연도의 연봉은 매년 협의하여 정하는 것으로 하는 조문이 있는바, 이로 인해 본 건에서도 3년째에 상당하는 2017년도의 연봉은 보장되지 않는 것이 아닌가 하는 의문이 있을 수 있습니다.

그러나 본래 위와 같은 내용의 계약은 FIFA의 RSTP 및 DRC의 판례에 의해 무효로 되어 있습니다.

상기 계약의 정함은 결국 3년 계약이기는 하나, 클럽이 일방적으로 선수의 연봉을 감액할 수 있다고 정한 것에 다름 아닙니다. 즉, 복수년계약을 체결한 경우, 선수는 그 계약기간 중에는 다른 클럽에 이적할 수 없습니다(만일 이적하는 경우에는 선수를 받아들이는 클럽은 원 소속 팀으로부터 다액의 배상금을 청구받습니다)만, 그러한 상황 가운데에서 성남FC가 이원규 선수의 2016년의 퍼포먼스가 나빴다는 것을 이유로 동 선수의 2017년도의 연봉 ○○만 원을 10분의 1인 ○○만 원으로 내리라는 지시를 했을 경우, 이원규 선수는 그보다 높은 연봉을 제시해주는 다

른 클럽으로 이적하는 것은 불가능한 상태이기 때문에, 실제
상 이원규 선수는 그 지시를 울며 겨자 먹기로 따를 수밖에
없는 상황이 됩니다.

**즉, 이러한 계약의 정함은 결국 클럽이 일방적으로 선수의
연봉을 감액할 수 있는 권리를 갖는다는 것을 규정하는 것에
다름 아니며, 그러한 정함은, 클럽에 일방적으로 유리한, 불
합리한 규정으로서, 설사 계약상 명확히 규정되어 있다고 하
더라도 DRC의 판례상, 무효가 됩니다**(DRC 사건번호 11121922에 관
한 2012년 11월 6일 판결 등).

따라서 2017년의 이원규, 문창현 선수의 연봉이 협의되지
않았다고 하더라도
두 선수에 대한 배상액은 2016년도의 연봉보다 낮은 금액
이어서는 안 된다는 점은 명확합니다. 따라서, 이원규 선수에
대해서는 ○○만 원, 문창현 선수에 대해서는 적어도 ○○만
원이 배상액으로서 인정되어야 합니다.

덧붙여 말하면, 문창현 선수의 2016년의 연봉은 2015년도
의 연봉인 ○○만 원으로부터 ○○만 원 감액된 결과 ○○만
원이 되어 있던 점으로부터 생각해보면, 오히려 2016년의 연
봉액조차도 부당하고, 문창현 선수에게는 2015년의 연봉상

당액인 ○○만 원이 배상금으로서 지불되어야 한다고 생각됩니다.

2년이 넘는 기다림 끝에 2019년 6월 19일, 대법원은 다음과 같은 이유를 들어 이원규, 문창현 선수의 전부 승소 판결을 내렸다.

① 선수계약에서 연봉협상기간(1년)과 별도로 계약기간(3년)을 둔 취지는, 적어도 위 계약기간 동안에는 해당 선수의 활동이 부진하더라도 구단 측 일방의 의사에 기한 무단 방출 또는 부당한 차별을 금지하는 것이다.

② 스포츠계약은 선수가 신체적인 활동을 구단에 제공한다는 면에서 고용계약과 유사한 면이 있고, 또한 합숙 훈련 등 단체생활이 전제된다는 점에서 구단에게는 선수에 대한 신의칙상 보호의무가 있다.

③ 성남FC구단은 원고들(이원규, 문창현 선수)에게 타 구단으로 이적할 것을 권유하거나 계약을 합의해지 하려고 하였다고 항변하고 있으나, 원고들은 2016. 10. 중순경 성남FC구단으로부터 전력 외 선수로 분류되었다는 통보를 받았으므로 성남FC구단의 주장과는 달리 원고들이 다른 구단으로 이적하기는 사실상 불가능하였고, 다른 구단으로의 이적이나 계약의 합의해지는 원고들이 아닌, 성남FC구단에

의해 주도된 것으로서, 원고들이 이를 거절하기는 사실상 불가능한 것이었다.

④ 성남FC구단은 원고들(이원규, 문창현 선수)에게 상당한 기간 동안 급여를 지급하지 아니하고, 체력 및 전술적인 기량 유지를 위한 기본적인 훈련에 참여시키지 아니함으로써 원고들에 대한 이행거절 의사를 표시한 것으로 인정된다. 또한 성남FC구단은 원고들(이원규, 문창현 선수)을 특별한 사정 없이 구단활동에서 배제하여 선수들에 대한 인격존중의무, 차별금지의무 및 보호의무를 위반하였다.

대법원은 두 선수가 구단의 인권 침해적이고 일방적인 무단 방출 조치에 의해 팀을 타의에 의해 떠나게 된 것을 인정했다. 그리고 2017 시즌 연봉이 협의되지 않았는데, 법원은 당사자 간 최종적으로 체결된 연봉보다 낮은 금액을 지급해서는 안 된다고 선언하며 연봉 FIX제의 원칙을 명백히 선언했다.

또한 성남은 상당기간 선수들에게 급여를 지급하지 않으면서 훈련에 참가시키지도 않고, 특별한 이유 없이 구단활동에서 배제한 것은 선수들에 대한 인격존중의무, 차별금지의무 및 보호의무를 위반했다는 점을 지적했다.

K리그에서는 두 선수의 사례처럼 계약서에 명시된 내용을 보장받지 못하고 구단의 일방적인 결정으로 인해 방출되는 사례가 많았다. 그럼에도 불구하고 선수들은 계속 축구를 하기 위해 혹시 모를 불이익이 두려워 구단의 결정을 따를 수밖에 없었고, 대부분의 선수들은 해지를 하거나 연봉 삭감, 혹은 K3 등 다른 팀으로 떠나는 선택을 했다.

이원규, 문창현 선수의 판결은 분명 한국축구계에 만연한 악습에 경종을 울리기에 충분했다. 물론 이 판결 하나로 모든 부당한 계약 문제가 일소될 것은 아니었지만, 이들의 용기는 비슷한 문제로 피해를 입고 있거나 앞으로 피해를 입을 후배들의 계약 문제에 좋은 선례를 남긴 것이다. 나는 이원규, 문창현 선수의 판례를 통해 대한민국 축구계가 한층 더 건강해지기를 기대했었다.

지켜지지 않는 약속, 부당한 계약 문제

모든 법적 관계를 형성할 때 가장 기본적인 근거가 되는 것이 계약서다. 단순 용역계약부터 근로계약까지 일상적인 사회생활에 있어 계약서는 양 당사자 간 합의한 기본적인 권리-의무 관계를 보여준다. 축구 선수들도 구단에서 선수 생활을 할 때 계약서를 쓰고 시즌을 소화한다. 연봉, 계약기간, 각종 부대조건 등 선수들이 구단에서 선수로서 활동할 때 필요한 권리-의무 관계를 계약을 통해 합의한다.

하지만, 많은 선수들이 계약서의 중요성을 간과한다. 그저 구단에서 제시한 조건에 서명을 하고 그 내용조차 면밀히 검토해보지 않은 채로 말이다. 이를 잘 아는 구단이나 에이전트는 부당 계약을 통해 선수들의 발을 묶어두거나 무단 방출 등 비상식적인 일을 해도 부당한 계약서를 들이밀며 선수들의 입을 막는다. 운동밖에 몰랐던 선수들은 구단이라는

'갑'의 갑질에 그저 속수무책으로 당할 수밖에 없다.

근로를 하기 위해서 혹은 어떤 거래를 함에 있어서 작성하는 계약서는 상호의 권익을 보호하기 위한 제도이자 약속이다. 하지만 현재까지도 문제가 되고 있는 표준계약서(후에 자세히 이야기하겠다)의 부당한 조항들은 선수들에게 너무나도 불합리하며 최소한의 권리조차 지켜주지 못하는 계약서다. 에이전트가 선수를 옥죄는 노예계약 및 계약서의 임의 수정 문제를 비롯해 너무나도 상식적으로 받아들이기 쉽지 않던 문제가 비일비재했다. 부당한 계약서를 접했던 초기에 이러한 상황이 너무 안타까웠고, 어디부터 어떻게 문제를 해결해 나가야 할지 암담하기도 했었다.

당시 축구계에는 일단 선수들을 장기 계약으로 묶어뒀다. 만약 어떤 선수가 구단에 필요 없다고 판단될 때, K3 또는 내셔널리그로 임대해버린다. 선수에게는 경험을 쌓고 다시 본 소속으로 복귀하자고 말하며 보내는 식이다.

선수들에게는 "네가 충분히 재능이 있다는 것을 알고 있다. 하지만 현재 구단의 BEST 11에 들기에는 아직 경험이 부족하다. 그러니 네가 K3 혹은 내셔널리그 팀에 임대를 가서 퍼포먼스를 보여준다면 구단에 복귀했을 때 큰 도움이 될 것이다. 네가 그래도 수준이 있는 선수인데 거기에서 못 보여주겠느냐. 이는 기회다"라는 달콤한 말과 함께 "거부한다면 우린 현재 팀의 인원이 포화상태이기 때문에 너를 방출할 수밖에 없다"라며 협박도 했다.

선수는 이러한 말들에 속아 K3 혹은 내셔널리그로 향하게 되고, 다시 본 소속으로 돌아오는 경우는 거의 없었다. 이처럼 계약기간이 남아 있는 선수들을 내보내는 구단에 선수를 부당하게 대우하는 내용을 확인했을 때 돌아오는 대답은 크게 두 가지였다.

"선수가 동의했어요."

"구단의 재정이 여의치 않아서요."

두 경우 모두 아이러니했다. '선수가 동의했다'라고 하지만, 만약 계약서의 내용에 부당한 계약사항이 있는데도 그 내용에 동의하지 않을 경우 방출한다는 조건이 달려 있다면 그것이 온전한 선수의 동의일까? 또 구단의 재정 여건 때문이라면 이는 선수가 아닌 경영진이 책임져야 할 문제다. 분명 계약서를 작성할 당시, 계약 연수와 연봉이 정해져 있었다. 하지만 이를 구단의 재정 상황에 맞지 않게 계약을 한 것이라면, 계약 담당자의 잘못이며 계약서에 명시된 연봉을 지불하지 못하는 것은 구단 경영진의 잘못으로 오히려 선수에게 배상을 해야 할 문제였다.

일반적으로 해외의 리그는 팀이 사라질 경우 선수뿐만 아니라 스태프, 사무국 직원 등 많은 사람들이 일자리를 잃는 것이기에 그것을 방지하고자 매년 엄격한 감사와 효율적인 운영을 위해 노력한다. 하지만 우리나라는 최근까지도 구단 대표의 횡령 등 각종 비리 사건이 터지며 운영의 문제가 지속적으로 노출되고 있다. 운영의 잘못으로 팀이 해체되는 사례들도 있었으며 그 피해는 고스란히 선수의 몫이었다.

계약 내용이 매우 중요하기 때문에 계약서와 관련한 문제들과 그 해결 과정을 사례별로 설명하도록 하겠다.

선수가 동의한 경우에 선수를 안심시킬 수 있도록 '이면계약'을 작성하게 한 사건이 있었다. 이 사건은 선수들이 계약을 할 때 교육을 통해 계약서를 검토하는 방법을 배우거나 일반적인 계약조건 등을 알고서 서명한 것이 아닌, 무지에서 비롯된 사건이었다. 또 한 선수가 구단과 계약함에 있어 어떤 위치에 있는가가 여실히 드러난 사건이기도 했다.

인천 유나이티드(이하 '인천')의 백승원 선수는 2015년부터 2019년까지 5년 계약을 맺었다. 하지만 인천은 2015 시즌이 끝난 후 그를 충주 험멜로 임대했다. 이때 백승원 선수는 무릎 부상을 당하게 됐고, 임대가 무산되며 다시 인천으로 복귀했다.

그런데 인천은 백승원 선수를 본 클럽에서의 생활이 아닌 K3 김포시민축구단으로 임대하려고 했다. 김포시민구단은 당시 승리 수당 50만 원이외의 임금은 받을 수 없는 상황이었고 심지어 무릎 부상을 당한 상태로는 경기 출전도 불가능했다.

여기에 인천의 요구 조건이 더해졌다. 김포에서 80% 이상 경기 출전을 하지 못할 경우, 인천과의 계약이 해지된다는 것을 임대 합의서에 넣은 것이었다. 무릎 부상을 당한 선수에게 경기의 80% 이상을 출전하지 못하면 계약 해지한다는 것은 선수를 방출하겠다는 의사를 에둘러 통보한 것과 다름없었다.

이에 선수가 의심을 품으며 이를 거부하자 당시 인천의 한 스카우터는 백승원에게 "(임대)합의서는 사실 의미가 없고 80% 출전하지 않아도 복귀하게 해주겠다"라는 약속을 했고, 백승원 선수는 부상임에도 불구하고 경기의 70% 이상을 소화하는 열정을 보였다.

하지만 2016 시즌이 끝난 후 인천은 계약 해지를 알리는 통보문을 백승원에게 전달했다. 그는 분노했고 선수협과 함께 정식으로 문제를 제기할 준비를 하고 이를 인천에 알렸다.

구단도 합의서에 문제가 있다는 점을 알고 있었기에 강경하게 나오지 않았고 한 번 더 우회하는 방식을 택했다. 이번에는 '1년 더 김포로 임대를 가되, 감독과 코칭 스태프의 요청이 있으면 인천에 복귀할 수 있다'라는 조항을 추가했다. 그와 동시에 임대 합의서가 의미 없다고 했던 스카우트 팀장은 이번에도 백승원의 인천 복귀를 약속했고 이미 몇 번의 상처를 입은 백승원을 위해서 이면합의서를 들고 왔다.

그 이면합의서는 다음과 같은 내용을 담고 있었다.

1) 2017 시즌 종료 후 인천으로 무조건 복귀
2) 복귀의 대가로 백승원의 연봉 30%를 스카우트 팀장에게 지급
3) 팀 복귀가 불가능할 경우 남은 계약기간 2년 치 연봉 지급

하지만 2017 시즌이 종료된 후에도 백승원 선수는 인천에 복귀할 수 없었다. 이에 백승원 선수는 결국 우리와 함께 인천과 스카우트 팀장을 상대로 소송을 제기했다. 선수협은 선수가 이면합의까지 할 수밖에 없던 상황의 부당함과 법률상 문제점을 지적했으며, 선수를 보호하기 위해 최선을 다했다. 선수협과 백승원은 기나긴 소송 끝에 승소 판결을 받았다.

이러한 계약의 문제는 비단 백승원 선수에게만 국한되지 않는다는 것을 나는 잘 알고 있었다. 만일 같은 상황에서 '나의 주장을 명확하게 얘기

할 수 있었을까' 하는 회의감도 들었다. 또 어떤 사람은 '바보 같다, 왜 그 렇게 계약을 하느냐'라고 말을 할지도 모른다. 하지만 이런 상황에서 자 신의 주장을 제대로 할 수 있는 선수는 많지 않은 것이 현실이다. 선수 를 은퇴하고 법률 분야를 공부를 하고 있는 한 선수가 말하기를, 자신 또 한 지금의 지식을 가지고 선수 생활할 때로 돌아가더라도 똑같이 당했을 것이라고 했다. 그만큼 대다수의 계약 분위기는 선수들이 자기주장을 할 수 있는 상황이 아니었다.

또 다른 사례로, 정해권 선수는 계약기간이 남았음에도 불구하고 감독 이 그를 쓰지 않겠다고 방출했다가 법적 문제가 발생할 수 있음을 알리 자 일반 테스트를 받는 예비선수들과 같이 테스트를 통과하라고 말했다. 선수는 결국 본인 돈을 내고 지하철을 타고 이동하며 테스트에 응시했지 만 결국 탈락했다.

백승원과 정해권 선수는 결국 이 사건으로 인해 은퇴하게 되었다. 부 당한 대우를 받고 있지만 축구생활을 이어가기 위해 침묵하는 선수들, 그리고 그로 인해 은퇴하게 되는 수많은 선수들을 위해 우리가 할 수 있 는 일은 무엇일까?

이면계약의 피해는 유명한 선수들에게도 예외는 아니다. 윤석영 이사 가 그 대표적인 예다. 윤석영 이사는 2013년 1월 전남 드래곤즈(이하 '전 남')에서 잉글랜드 프리미어리그 퀸즈파크레인저스로 이적 당시 "윤석영 이 한국으로 복귀할 시 전남이 최우선협상권을 가지며 이를 위반할 경 우, 15억 원을 위약금으로 지급한다"라는 이면계약을 체결하게 됐다.

이 계약을 근거로, 전남은 2018년 FC서울(이하 '서울')로 임대이적 한 윤 석영에게 위약금 청구 소송을 진행했다. 다만, 당시 작성한 이면계약서에는 '최우선협상권'의 구체적 내용이 무엇인지에 대한 규정이 전혀 되어 있지 않았다. "귀에 걸면 귀걸이, 코에 걸면 코걸이"식의 해석이 가능한 이면계약이 체결되었고, 구단은 이를 근거로 소송을 제기한 것이다. 이로 인해 윤석영 이사가 받는 고통은 미루어 짐작하기 어려울 정도다.

연맹과 협회는 이면계약을 엄격하게 금지하고 인정하지 않는다고 했지만 이러한 일들은 현장에서 비일비재하게 일어나고 있었다.

부당한 대우를 막기 위해서는 많은 법적 판례가 필요하다. 구단 스스로 자정작용을 통해 부당한 상황을 개선할 수 없다면 정당한 판결로 이를 보여줄 수밖에 없다. 최근 대법원의 판례를 통해 안산 그리너스(이하 '안산') 소속이던 박성부 선수의 승소 판결이 났다. 박성부 선수는 당시 내셔널리그의 한 구단으로 임대를 가는 이면계약을 체결했으나, 안산은 계약기간이 남았음에도 불구하고 남은 기간에 대한 급여를 지급하지 않은 채, 계약을 일방적으로 종료했다.

이에 선수는 본인이 이면계약을 체결한 것에 대한 책임을 지기 위해 연맹에 자진신고를 하고 벌금을 물었고, 미지급 급여 청구 소송을 진행하여 2022년 4월 최종 승소 판결을 받았다.

나는 선수들이 무조건적인 이면계약의 피해자라고 생각하진 않는다. 분명 계약서에 서명한 그들의 잘못도 있다. 하지만 선수들은 계약서에 서명할 때 무엇이 잘못되어 있는지조차 알지 못하는 경우가 많았다. '구단이 하자고 하니까, 이게 좋은 것이다'라는 말을 듣고 서명한 경우가 대다수였다. 하지만 무지가 면책이 되진 않는다.

그래서 나는 이면계약이 왜 잘못되었는지, 선수들 또한 책임에서 벗어날 수 없다는 사실들을 교육하고 예방하는 데에 초점을 맞췄다. 이에 더해 권리를 회복하는 여러 판례를 통해 진심으로 선수들이 보호받기를 바라고, 그렇게 한 걸음씩 한국축구계가 바뀌어 갔으면 하는 마음이었다.

〈에이전트 계약 문제〉

선수들은 보통 구단 이적 등의 업무를 원활히 하기 위해 본인들을 대리할 에이전트와 계약을 하게 된다. 유능한 에이전트는 선수의 니즈에 맞게 팀을 찾아주고, 선수가 요구하는 연봉도 충족시켜주며 많은 도움을 주는 고마운 존재다.

하지만 어디에서나 그렇듯이 선수들을 이용하는 에이전트도 있다. 문제가 된 에이전트의 사례는 다음과 같다.

모 선수의 경우 에이전트가 "우리는 가족 같은 관계이니 계약기간을 설정할 필요가 없지 않겠나, 여기에 '가족'이라고 쓰자"라며 계약서의 계약기간란에 [본 계약의 기간은 본 계약 체결일로부터 가족 년간으로 한다.]라고 해놓고, 후에 가족 옆에 10이란 숫자를 적어 10년 계약으로 둔갑시킨 사건이 있었다.

당시 대한축구협회의 규정상(대한축구협회 선수중개인 관리규정 제3장 제8조 "중개계약 기간은 2년을 초과할 수 없다"_2009년) 에이전트와의 계약기간은 2년을 초과할 수 없게 되어 있었음에도 불구하고 10년이라는 충격적인 기간의 계약을 체결한 것이다.

그때 선수는 어린 나이였기에 아무것도 모른 채 에이전트에 의지했다. 그는 그렇게 에이전트만을 믿고 계약서를 제대로 읽지도 않고 서명을 했다. 물론 모른다는 것이 변명이 되지는 않는다. 그래서 이 점에 있어서는 선수의 잘못도 있었다.

　지금도 선수단 미팅 혹은 개인 미팅을 진행하며 강소하는 것 중 하나가 있다. 계약서는 말 그대로 모든 것을 정해두고 그를 어길 시 책임을 지게 되는 것으로, 꼼꼼히 읽고 다시 한번 더 읽은 후에 이해가 갈 경우 서명을 해야 한다고 교육하는 것이다. 혹여 의심이 가거나 질문에 대해 상대방이 제대로 답변도 하지 않은 채 서둘러 서명할 것을 강요한다면 절대로 서명하지 말고 도움이 필요할 경우 선수협에 문의해달라고 전달한다. 현재 선수협은 국내 계약에 더해 해외 계약서도 검토를 진행하고 있다.

〈해외 선수 피해 사례〉

　선수들은 국내 리그뿐만 아니라 해외 리그에도 진출한다. 특히 동남아시아로 진출한 선수들은 여러 계약 문제로 몸살을 앓는다. 대표적으로 전 수원FC(이하 '수원')의 권혁진 선수 사례를 살펴보자.

　권혁진은 2017년 태국 리그의 1부 팀인 시사껫FC와 계약을 체결했다. 당시 입단 계약 소식은 구단 공식 보도자료를 통해 현지 언론에도 기사화되며 입단식을 진행했다. 그런데 어처구니없게도 계약 이후 갑자기 구단의 태도가 돌변했다. 아무 설명 없이 갑자기 권혁진 선수를 전력 외 선수로 분류하고 마치 계약 자체가 없었던 것처럼 팀에서 내보내려 한 것이다. 구단의 출정식 때도 선수에게 라커룸에서 나오지 말라고 하는 등 팀의 모든 일정에서 그를 철저하게 배제했다.

이러한 어려움을 겪던 권혁진은 선수협에 도움을 요청해왔다. 나는 즉시 선수와 미팅하여 전후 사정을 파악했는데, 그 상황은 상식을 아주 벗어나 있었다. 계약과 입단식까지 한 선수에게 계약이 없던 것처럼 급여도 지급하지 않고 있었다. 이후 문제 해결을 위해 선수협과 권혁진은 미지급 급여의 지급 및 일방적 계약 해지에 대한 손해배상 청구를 FIFA 분쟁조정위원회(DRC: Dispute Resolution Chamber)에 제기했다.

2017년 8월에 제기한 소송은 2018년 4월에 이르러서야 판결이 났다. FIFA의 분쟁조정위원회가 권혁진 선수의 주장을 인정하며 시사껫FC는 30일 이내에 미지급 금액과 계약위반에 대한 손해배상금액을 연 5% 비율에 의한 이자를 적용하여 청구인에게 지불해야 한다고 한 것이다.

이처럼 권혁진 선수의 어이없는 사건은 합당한 배상을 받음으로써 종결됐지만, 아직도 많은 해외 진출 선수들이 구단의 일방적인 급여 미지급과 계약 해지로 곤혹을 느끼고 있다. 선수협은 이들을 위해 계약서 검토 및 부당대우에 대한 공동 대응을 이어나가고 있으며, 현재는 피해가 많이 줄어든 상태다.

많은 사람들이 해외 리그 소속 선수들을 어떻게 돕는지 궁금하다고 하니 간단히 설명해보겠다.

해외 리그에서 뛰고 있는 선수들이 가장 어려움을 겪는 부분은 바로 언어다. 현지 구단이나 에이전트는 선수들이 영어 혹은 현지 언어에 취약한 점을 이용하여 계약서와 다른 설명을 하거나 계약 내용을 충실히 이행하지 않는 경우가 있다.

급여의 경우 미지급될 경우 누구나 알아차리기 쉬운 부분이라 선수들도 빠른 대응이 가능하지만, 그 외의 계약서상에 선수가 모르는 부분이 포함되어 있다가 나중에 문제 되는 경우들도 많다. 이에 선수들은 선수협에 계약서 내용의 검토를 자문받곤 한다.

만약 문제가 있는 내용이라면 나는 즉시 FIFPRO 법률팀에 해당 사건의 내용을 전달하고 사실 확인을 위해 구단과 접촉하여 대화를 이어간다. 만약 선수에 대한 부당한 대우 혹은 계약위반 사실이 확인될 경우, 우리는 해당 내용을 정정해줄 것을 요청한다. 그럼에도 불구하고 개선이 되지 않을 시, FIFPRO와 함께 FIFA DRC에 제소를 하게 된다.

FIFA DRC는 앞서 설명했듯이 FIFPRO 아시아 야마자키 회장이 위원으로 있는 '국제분쟁조정위원회'로, 가령 한국 선수와 해외 리그의 구단 사이에 갈등이 있을 경우 조정하고 중재하는 위원회다. 선수협은 이를 통해 많은 선수들을 부당한 대우로부터 지켜주고 있다.

NDRC, 누구를 위한 조정위원회인가?

국제분쟁을 조정하는 FIFA DRC가 있다면, 국내에는 NDRC(National Dispute Resolution Chamber)라는 분쟁조정위원회가 있다. 이는 대한축구협회의 분쟁조정위원회인데, FIFA에서 요구하는 구성요건과는 아직 정확히 맞지 않는다.

국내의 조정위원회가 FIFA가 요구하는 조건과 맞지 않는 것을 알기 위해서는 한국에서 선수들에게 문제가 생겼을 때 조정해주는 신청 절차를 살펴볼 필요가 있다.

한국에서 선수가 에이전트 혹은 구단과의 갈등이 생길 경우, 1차적으로 한국프로축구연맹에 조정위원회에 조정을 신청하게 된다. 선수가 조정 신청 수수료로 50만 원을 납부하면서 조정위원회는 시작된다. 만약 조정위원회의 결정에 선수가 불복한다면, 대한축구협회의 분쟁조정위원회(NDRC)에 이의를 제기할 수 있다. 그런데 협회의 분쟁조정위원회 결정에 대해서는 "법적으로 소송이 불가하다"라고 명시되어 있다.

제11조 분쟁의 해결
본 계약의 해석 또는 이행과 관련하여 클럽과 선수간 분쟁이 발생하였을 경우 다음 각 호의 순서로 해결을 진행하고, 당사자가 수용한 연맹, 협회, FIFA, 스포츠중재재판소(Court of arbitration for Sport, 이하 'CAS')의 중재 결정은 최종적인 것으로 불복할 수 없다.
1. 클럽과 선수의 협의
2. 클럽과 선수 일방이 서면으로 협의를 요청한 날로부터 10일 이내 해결이 되지 않을 경우 연맹의 조정
3. 연맹에서 해결되지 않을 경우 협회의 조정
4. 협회에서 해결되지 않을 경우 FIFA의 조정
5. FIFA에서 해결되지 않을 경우 CAS의 조정

▲ K리그 표준계약서 제11조 '분쟁의 해결'. FIFA에서는 국내분쟁을 조정해주는 기관이 없다.

이처럼 간략한 설명만으로도 우리나라 NDRC의 부당함이 드러난다.

첫째, 선수가 NDRC의 결정에 불복하여 법원에 가는 것이 금지되어 있다는 것이다. 이는 FIFA의 RSTP 제22조에 "Without prejudice to the right of any player, coach, association, or club to seek redress before a civil court for employment-related dispute"에도 나와 있듯이, 축구계 내부의 분쟁해결기구를 이용하지 않고, 법원으로 분쟁을 가지고 가서 해결하는 것도 허용된다. 이를 바탕으로 특히 우리나라와 같이 NDRC가 FIFA의 규정에 맞지 않게 되어 있는 국가에서는 선수의 분쟁해결이 재판소에 이루어지는 경우가 많다. 실상 축구계 내부의 분쟁해

결기관이 내린 결정에 대해 법원에서 다시 다투어지는 경우도 자주 발생한다. 하지만 애초에 분쟁조정위원회의 결정에 대해 법적 소송을 금지해 놓은 것은 부적절하다고 할 수 있다.

둘째, 국내 NDRC의 구성에 관한 문제다. 선수계약의 국제분쟁은 FIFA DRC가 제1심이 되고, 이에 스포츠중재재판소(CAS: Court of Arbitration for Sport)에 불복 신청을 하면 CAS가 항소심으로 판결을 내린다. 이 판단에 대해서는 Swiss Federal Tribunal(스위스 연방 최고법원)에 다시 불복 신청을 할 수 있고, 이렇게 3단계에 걸쳐 판단을 받는 경우가 상당히 많다. 여기서 주목해야 할 점은 스위스 국제사법(國際私法) 제190조 제2항에 다음의 각 사유에 해당하는 경우는 중재재판이 취소되어야 한다고 규정하고 있다는 것이다.

a) 단독중재인이 적절하게 선정되지 않은 경우 또는 중재패널이 적절하게 구성되지 않은 경우
b) 중재패널이 관할을 잘못 인정하거나, 또는 인정하지 않은 경우
c) 중재패널의 판단이 중재패널에 제출된 주장의 범위를 초과하는 경우, 또는 중재패널이 청구사항의 하나를 판단하지 않은 경우
d) 당사자의 평등취급의 원칙 또는 당사자의 청문을 받을 권리가 침해된 경우
e) 공서양속(公序良俗) 또는 선량한 풍속에 반하는 경우

그런데 우리나라 NDRC 위원의 구성은 협회 측에서 일방적으로 위촉한 형태로 공평, 공정하다고 할 수 없다. FIFA는 2007년 12월 28일 자로, 가맹국의 협회에 '통달 1129호'를 송부하였고, 여기서 2008년 1월부

터 모든 가맹국협회가 공평중립적인 국내분쟁의 해결기관 NDRC를 설립하는 것을 의무화했다.

여기서 말하는 '공평중립'의 조건은 중재인 선정에 있어서 같은 수의 중재인(최저라고 하더라도 각 1명씩)이 '선수 측' 및 '구단 측'으로부터의 각 지명에 의해 선정되어야 하는 것과 중재패널의 회장은 선수, 구단 쌍방의 합의에 기초하여 선수, 구단으로부터 독립된 중립의 제3자로부터 선정할 것을 요구하고 있다. 여기에서 말하는 '선수 측'은 구체적으로 각국의 선수협회를 의미한다.

즉 우리나라 NDRC 위원장은 K리그와 선수협이 '쌍방 합의에 의해' 선정한 중립적인 인물이 아니라면 구성요건을 적법하게 갖추었다고 볼 수 없음에도 불구하고, 협회는 선수협의 의견을 듣지 않은 채 결정된 자가 취임하고 있다.

이것은 FIFA의 '통달 1129호'를 위반한 것으로, NDRC가 준수해야 할 의무를 협회 측에서 이행하고 있지 않다는 것을 의미한다. 이는 2018년 12월 6일, FIFA가 말레이시아 쿠알라룸푸르에서 협회, 연맹, 선수협을 소집하여 진행한 미팅에서 명확하게 FIFA로부터 지적된 사항이다.

미팅 이후 FIFA는 적법한 절차에 의해 NDRC를 설립할 것을 요청하여 개선을 위한 논의가 협회 및 연맹과 진행되는듯했지만, 현재까지 진전되지 않고 답변도 없는 상황이다. 이러한 근거에 의해서 현재 협회의 NDRC의 판단은 구성적 요건부터 부적절하기 때문에 그 결정이 유효하다고 볼 수 없다.

마지막으로 표준계약서상의 문제다. 표준계약 제11조에는 선수계약에 관한 분쟁을 연맹이나 협회가 설치한 NDRC에서 진행할 것을 규정하고

한국축구의 미래를 꿈꾸다

있다. 이는 연맹이 선수협과 교섭을 전혀 행하지 않은 채 일방적으로 정해놓은 규정으로, 연맹이나 구단에 일방적으로 유리하게 되어 있는 불공정한 것이라 할 수 있다.

K리그의 선수들은 이 표준계약서에 서명을 하지 않으면, 선수로서 등록이 불가하기에 불공정 조항이 있음에도 불구하고 계약을 체결할 수밖에 없는 구조다. 이처럼 강제적으로 체결한 계약에 따라 분쟁의 결과를 법원에서 다툴 수 없다고 한다면 선수의 기본적인 인권인 공정한 재판을 받을 권리는 보장받을 수 없게 된다.

선수협은 이러한 부당한 점을 개선하기 위해 지속적으로 FIFPRO 및 FIFA와 대화하고 협회 및 연맹에 한국축구의 발전을 위해 적극적으로 협조할 것을 요청하고 있다. NDRC는 분명 선수들의 기본적 인권과 권익을 위한 보호장치로 제도화되어야 한다. 협회나 연맹이 관장하는 이 기본적인 분쟁조정위원회조차 '갑'의 입김이 절대적으로 작용하는 구조가 계속되는 한 한국축구계의 악습은 근본적으로 해결할 수가 없다. 이러한 제도의 문제들을 개선하기 위해 4년이라는 시간 동안 대화를 이어가고 있다. 협회나 연맹이 축구를 사랑하고 축구계의 발전을 위한다면 기본적인 권리를 보호하는 제도부터 바로잡으려는 의지가 분명 있어야 할 것이다.

선수들의 따뜻한 버팀목이 되기 위해

선수들의 오늘과 내일을 생각하다

선수협은 K리그의 불합리한 제도 개선에 앞장서는 것 외에도 선수들을 위해 다양한 활동을 펼치고 있다. 가장 대표적인 것이 선수들의 미래준비에 도움을 주고자 하는 활동이다.

다른 스포츠 종목과 마찬가지로 축구 선수도 일반 직장인에 비해 은퇴시기가 매우 빠른 편이다. 경기나 훈련 중 잦은 부상이나 30대 중후반부터 나타나는 체력적인 부담으로 인해 선수로서의 한계가 오는 경우가 대다수다. 그래서 선수들에게는 다른 직업군보다 빨리 찾아오는 은퇴 이후의 삶을 준비하는 것이 무척 중요하다. 선수협은 축구계의 현실과 선수들의 걱정을 알고 있기에 다양한 방법으로 선수들을 지원하기 위해 노력하고 있다.

선수협은 2021년에 어학교육 전문기업 파고다 어학원과 B2B 계약을 맺었다. 선수협이 어학교육 기업과 파트너십을 맺은 것은 선수들의 외국어 구사 능력 향상을 위한 일이었다. 외국어를 공부하는 것은 해외 리그 진출을 대비한 준비이기도 하지만, 선수 생활을 끝낸 후에도 외국어 구사 능력이 좋으면 그만큼 기회의 폭이 넓어질 수 있기 때문이다. 그래서 최근에는 젊은 선수들일수록 영어나 제2외국어 공부를 희망하는 경우가 많다.

선수협은 이에 그치지 않고 외국인 선수와 그의 가족 중 희망자에게 한글 교육 서비스도 제공하고 있다. 외국인 선수가 한국 문화를 자연스럽게 받아들이고 쉽게 적응할 수 있도록 돕기 위한 교육복지 차원에서다.

또 선수협은 선수들이 자격증을 취득하면 장학금을 지급하는 제도를 기획 중이다. 원하는 자격증을 취득해 은퇴 후 삶을 준비하고 다른 분야에 도전하도록 장려하는 차원이다. 좁은 스포츠계를 벗어나 다양한 분야로 네트워킹하다 보면 시야가 트일 수 있으며, 장학금 지급은 여기에 상당한 동기부여로 작용할 수 있다.

축구 꿈나무를 위한 선수협의 CSR 활동

선수협 활동을 하다 보면, 유소년 축구단의 어려운 상황을 자주 접하게 된다. 축구부 해체로 인해 더 이상 도전할 수 없는 학생들, 가정환경으로 인해 더 이상 운동을 할 수 없게 된 학생 등 많은 사연을 알게 된다.

그래서 선수협은 유소년 선수들에게 조금이나마 희망을 주고, 그들이 꾸준히 도전할 수 있도록 도움을 주기 위해 선수협 장학 제도를 만들었다. 2021년 12월 진행된 선수협 1차 꿈나무 장학식에서는 뛰어난 성적을 거두고 있음에도 어려운 가정환경으로 인해 힘들어하는 선수들을 지원했다.

선수협 장학 제도의 궁극적인 목표는 금전적 지원과 더불어 클리닉과

멘토링을 병행하는 데에 있었다. 다만 코로나19 팬데믹으로 클리닉은 취소되었지만, 아이들에게 이근호 회장, 남준재, 정성룡 이사가 멘토링을 진행하며 실질적인 도움을 주고자 노력했다.

선수협은 더 나아가 KPFA 아카데미를 준비하고 있다. 은퇴한 선수들이 직접 유소년을 가르치며 축구 실력과 함께 권리 교육을 진행하는, 아직까지 한국에 없는 유소년 아카데미 시스템을 기획 중이며 곧 실현될 것이다.

선수협은 선수들의 권리뿐만 아니라 진정한 한국축구의 발전을 위해 다방면으로 노력하고 있다. 앞으로도 우리는 지속적으로 선수들이 축구에만 전념하고 올바르게 꿈을 펼칠 수 있도록 다양한 프로그램을 지원할 계획이다.

KOREA PRO-FOOTBALLER'S ASSOCIATION

CHAPTER 3.

선수들의 권리를 위한
본격적인 발걸음

첫 현역 선수의 회장 취임과 조직의 재정비

　　2018년 12월 26일, 나는 선수협 일을 시작한 후 처음으로 크리스마스 연휴 겸 휴가를 떠났다. 하지만 그때 나의 휴가는 일하는 장소만 달라졌을 뿐, 평상시보다 많은 업무와 전화가 기다리고 있었다. 바로 선수협 첫 현역 선수 회장 발표 기사 때문이었다.

　선수협은 2017년 정식 발족 후, 김한섭 이사가 초대 회장을 맡아 선수협을 대표하고 있었다. 김한섭 이사는 선수협의 수많은 업무를 진행하며 언제나 든든한 역할을 해줬으며, 그가 있었기에 지금의 선수협이 있다고 해도 과언이 아니다. 그런데 FIFPRO에서 현역 선수 중 회장을 선임하는 것이 어떻겠느냐는 권고를 했다. 또 현역 선수가 회장을 맡음으로써, 선수협의 존재를 선수들에게 더욱 잘 알리고자 했던 김한섭 이사의 의지도 있었기에 현역 선수 중 회장을 선임하기 위해 많은 선수를 만나고 다녔다.

　선수협의 첫 현역 선수 회장 선임은 선수협에 있어서 매우 중요한 일이었다. 회장은 선수협을 대표하는 인물이기도 했고, 대내외적으로 신뢰가 두터운 인물이 회장을 해야 선수협의 가치와 비전을 더욱 널리 전파할 수 있었다. 회장 선임을 위해 우리는 많은 선수를 만났고 그들은 하나같이 '이근호' 이사를 추천했다. 이근호 이사는 리더십이 뛰어나고 명망도 있으며, 선수들로부터 존경을 받는 선수라는 평판이 있기 때문에 선수협의 회장으로 제일 적합하다고 입을 모았다.

나는 이근호 이사에게 찾아가서 선수들의 의견을 전달하며 선수협 회장직을 맡아줄 수 있는지 조심스럽게 물어봤고, 얼마간 대답을 기다리고 있었다.

그러던 중 2018년 시즌 말, 울산이 수원으로 원정을 왔다. 나는 울산 선수들과의 미팅을 위해 선수단이 묵고 있는 호텔을 방문했고 로비에서 간단하게 미팅을 가졌다. 원래는 아직 선수협에 가입되지 않은 선수들에게 선수협에 대해 설명하고 가입 신청을 받는 자리였다. 그런데 그 자리에서 나는 이근호 이사에게 조심스럽게 다시 한번 회장 이야기를 꺼냈고, 이근호 이사는 생각해보겠다고 했다.

미팅 후 나는 이근호 이사가 혹시나 부담스러워서 더 이상 선수협에 적극적이지 않으면 어쩌지, 그만두는 것은 아닐까 하는 걱정을 하며 길을 걷고 있는데 전화가 왔다. 이근호 이사였다.

떨리는 마음으로 전화를 받았다. 이근호 이사의 목소리는 담담했다.

"내가 해볼게. 어떻게 하는지는 잘 모르겠지만 한번 해볼게."

선수협 첫 현역 선수 회장이 탄생한 순간이었다.

◀ **첫 현역 회장이
탄생됐던 미팅 자리.**
박주호 부회장, 조수혁 이사와 함께
이근호 회장의 선임을 축하했다.

그 직후 나는 현역 선수의 회장 추대와 함께 본격적으로 선수협을 활발히 하기 위한 조직 구성을 계획했다. 그리고 2018년 12월 16일, 초대 현역 선수 이근호 회장의 취임과 함께 염기훈, 박주호, 윤석영을 신임 이사로 선임했다. 이와 관련한 기사가 쏟아지며 나에게 기자들의 전화는 끊이질 않았다.

이근호 선수도 회장 취임 이후 많은 인터뷰를 통해 선수협 회장으로서의 포부와 방향성을 밝혔다. 이근호 회장과 나의 생각은 대부분 일치했다. 선수협이 연맹이나 구단과 싸움을 하는 조직이 아니라, 대화와 소통을 통해 한국축구계에 만연한 여러 문제를 차근히 해결해나가고자 하는 바람이 있었다. 많은 희생과 노력이 필요한 선수협에서의 그의 활동은 개인의 영달을 위해서가 아니었다. 진정 축구계의 발전을 위한 일이었다. 한 인터뷰에서 이근호 회장은 이렇게 말했다.

"어린 선수들과 얘기하면 가슴이 아플 때가 많습니다. 뛰고 싶은 리그를 물었을 때 'K리그'를 말하기보다는 대다수 J리그나 유럽 리그를 꿈꿉니다. 나는 K리그에서 축구 선수의 꿈을 이뤘고, 한국축구대표팀 선수로

한국축구의 미래를 꿈꾸다

월드컵까지 뛰었습니다. 누구보다 큰 사랑을 받았습니다. 후배들이 그런 K리그를 사랑하고 꿈꿀 수 있도록 힘을 더하고 싶습니다."

선수협은 이근호 회장, 염기훈, 박주호, 윤석영 이사가 취임한 후에 그 무게감이 달라졌다. 유명한 선수들이 조직의 임원을 맡으며 영향력은 강해졌고, 나는 이를 활용하여 선수들의 권리 보호를 위한 전략 계획 수립에 돌입했다.

이때 내가 들었던 생각은 '드디어 여기까지 왔구나' 하는 감격이 아닌, '지금이 아니면 안 된다. 다시는 이러한 시기가 오지 않을 것이며, 우리가 늦어질 경우 피해받는 선수들이 더 많아질 것이다. 지금 할 수 있는 전부를 쏟아부어야 할 때다'였다.

그 첫 단계로 내부 조직을 더욱 공고히 하고자 했다. 외부의 환경을 바꾸기 위해서는 현재 내부 기반을 다지는 것이 무엇보다 중요했다. 정작 힘을 내야 할 때 내부 조직이 흔들려 힘을 내지 못하는 상황이 온다면 아무것도 이룰 수 없을 것이라 판단했다.

내부 기반을 다지는 첫 작업으로 우선 업무를 명확히 분장했다. 당시 선수협의 주요 업무를 크게 세 영역으로 나눌 수 있었다.

1) 해외/FIFPRO 관련 업무
2) 선수 지원/교육 관련 업무
3) 법무 관련 업무

나는 언제나 이 세 가지의 큰 틀을 토대로 세부사항을 점검하였다.

MDAS 사건과
조직책임자로서 얻은 교훈

　　나는 조직 강화의 일환으로 FIFPRO와의 관계를 공고히 하고자 적극적으로 아시아 담당과 대화했다. 어느 날 FIFPRO의 홈페이지를 둘러보던 중, FIFPRO 멤버란에 한국과 태극기가 없다는 것을 발견했다. 사실 선수협이 2017년 후보 멤버(Candidate Member)로 승인받았기에 이후 정식 멤버(Association Member)가 되면 국기가 올라가는 것으로만 알고 있었지 정확한 프로세스에 대해서는 알지 못했었다.

　　정식 멤버가 되려면 무엇을 해야 하는지 또 어떤 혜택이 있는지 등에 대해 해외업무를 담당하던 직원으로부터 이와 관련된 이야기를 들은 적이 없었기에 FIFPRO에 물어보았는데, FIFPRO에서 돌아온 대답은 충격적이었다. 한국의 선수협이 현재 FINANCE 관련 교육을 수료하지 않았기 때문에 아직 정식 멤버가 되지 못했다는 것이었다. 또 선수협이 승급할 수 없는 이유는 하나 더 있었다. 바로 2017년에 수행했던 MDAS(Management, Development and Accounting System) 때문이었다. MDAS란 FIFPRO에서 각 나라의 선수협이 투명하게 선수협을 운영을 하고 있는지 재정 감사와 더불어 멤버십 감사 등을 종합적으로 하는 FIFPRO의 프로그램으로 국제단체 감사 시스템이었다.

　　당시 해외업무 담당 직원은 'MDAS를 처리하면서 컴퓨터 오류가 있긴 했었지만 해결했으며, FIFPRO 담당자와도 대화를 마쳤기에 문제가 없을 것이다'라는 보고를 했다. 누구보다 투명하게 선수협을 운영하고, 가시적인 성과를 보이고 있었기에 오히려 칭찬을 받을 것이라고 생각하고 있었다.

그런데 그 MDAS가 정확하지 않아 정식 멤버가 되지 못했던 것이었다. 모두 내 책임이었다. 아무리 바빴어도, 또 직원들을 믿고 맡겼어도 결국 책임은 결정권자인 나에게 있었다. 사실 FIFPRO의 이메일을 받고 많이 속상했다. 누구보다 선수들의 권리 보호를 위해 밤낮없이, 휴일도 없이 열심히 뛰어다녔는데, 결국 평가는 이렇다니……. 솔직히 화도 났다. 하지만 이미 벌어진 일이었다. 나는 감정에 치우치기보다 해결책을 먼저 생각하고, 일을 수습하고 바로잡는 것이 우선이라고 판단했다.

우선 정확한 문제 해결책을 마련하기 위해 FIFPRO 측에 이메일을 보냈다. 정확한 문제의 원인과 우리가 이 문제를 해결하기 위해서 어떻게 해야 할지를 물어보고, MDAS를 다시 작성하기 위한 작업에 돌입했다.

FIFPRO의 업무를 해결하는 것이 최우선이었기에 당시 다른 업무는 뒤로 미루고, 직원들과 MDAS를 바로잡기 위해 며칠 밤을 새우며 일했다. 그렇게 MDAS를 해결하고 FINANCE 관련 교육을 수료하여 선수협은 정회원으로 승급하기 위한 단계에 돌입했다. 마침내 FIFPRO와의 문제를 해결했다. 문제 해결에 함께 고생해준 직원들과는 이 사건을 계기로 더욱 끈끈한 유대관계를 맺게 되었다.

이때 나는 업무의 총 책임자로서 가져야 할 자세를 다시 한번 배웠다. 유능한 직원들을 믿는 것도 그들의 능력을 최대한 발휘하도록 하기 위한 일이지만, 결국 그것을 확인하고 책임지는 것은 내가 해야 했다. 책임은 결정자의 몫이지만, 잘못된 결정의 피해는 오로지 단체에 악영향을 미치기 마련이다. 일을 직원에게 온전히 믿고 맡기는 것도 중요하지만, 최종적으로 함께 검토하는 것이 단체를 위한 길임을 깨닫게 되었다.

나는 직원들이 각자의 업무에 대해 책임감을 가지고, 선수협의 진정한 가치를 알고 헌신적으로 일하길 원한다. 그러기 위해서는 서로 간의 신뢰가 중요하며, 내가 먼저 솔선수범을 해야 한다. 내가 누구보다 떳떳해야 동료들이 나를 보고 함께 꿈을 키워가며 일을 할 수 있다고 생각하기 때문이다.

모른다는 것은
변명이 되지 않는다

선수협의 활동 중 중요하지 않은 일은 없지만, 선수들을 지원하고 교육하는 업무는 현실적인 측면에서 매우 절실한 분야였다.

우리나라 축구계의 특성상 선수들은 축구를 전문으로 할 경우, 유소년 때부터 다른 사회적인 교육 없이 오로지 축구만을 집중적으로 배우게 된다. 일반적으로 다른 나라는 학업과 축구를 병행하는데 우리는 특기생 교육이라는 명목으로 선수들이 특기 분야 외에 다른 교육을 제대로 받지 못하는 환경에 놓여 있는 것이다. 그래서 선수들은 일반인에 비해 다방면으로 부족한 교육을 받게 되고, 이로 인해 선수 생활의 첫 관문인 계약서를 작성할 때부터 교육이 부족한 데서 오는 문제들이 비롯된다.

그동안 계약과 관련해 선수들의 상담 사례를 크게 나눠보면 다음과 같다.

1) 계약서 원본을 가지고 있지 않은 경우(가장 많음)

한국축구의 미래를 꿈꾸다

2) 계약서를 끝까지 읽지 않고 서명한 경우

3) 해외 계약 시 설명을 듣지 못한 부당한 조항이 있는 경우

4) 부당 조항을 인지했음에도 불구하고 계약 상대방의 말만 믿고 서명한 경우

이런 피해를 당한 선수들은 공통적으로 하는 말이 있다.

"그분이 저한테 그럴 줄 몰랐어요."

선수들은 너무나도 순진했다. 어린 시절 유망주로서 눈에 띄게 되면 에이전트가 축구화 후원 등을 하며 접근하는 경우가 많다. 대다수의 에이전트는 진심으로 선수가 잘되기를 바라며 올바른 길로 이끌어주지만, 그렇지 않은 에이전트도 있어 그로 인해 피해를 받는 선수들이 생겨난다.

특히 어릴 때부터 후원하면서 관계를 쌓아온 에이전트는 결정적인 순간 선수를 옭아맨다. 앞서 부당 계약서와 관련한 일화에서도 보았듯이 선수와 우리는 가족이나 다름없다며, 계약서 계약기간란에 '가족'이라고 쓰게 한 후 선수 몰래 10년의 숫자를 써 넣은 경우도 있었다. 이 같은 문서 위조는 빈번하다.

또 계약서는 두 부를 작성하여 당사자 간에 한 부씩 가지고 있어야 하는 것은 상식이다. 그런데 일부 에이전트는 "잃어버릴 위험성이 있으니 내가 가지고 있겠다"라고 선수들에게 말하고 향후 분쟁사항이 생겼을 때나 계약 해지를 요구했을 때 계약서를 돌려주지 않아서 문제가 되는 사례도 많았다.

선수들은 그만큼 순진했으며 사람을 잘 믿었고, 나쁜 사람들은 그것을 이용했다. 학생 때처럼 몰라서 용서받을 수 있는 시기는 이미 지나 있었다. 모르는 것이 변명이 되지 않는 시기가 되었다는 말이다.

그래서 선수협은 선수 지원과 교육 분야에 더욱 절실히 임할 필요가 있었다. 많은 선수들이 몰랐기에 피해를 받는 상황이 많았고, 그러한 일을 사전에 방지하기 위해서는 선수들이 교육을 받아야만 했다. 나는 지속적이고 체계적인 교육을 통해 부당한 사례와 올바른 계약서 작성법 등을 선수들에게 교육하고, 문제가 생겼을 때의 대처 방안을 알려주고자 선수 지원과 교육 업무에 힘을 쏟았다.

표준계약서,
문제의 본질을 파고들다

선수들은 다양한 방법으로 부당한 대우를 받고 있었다. 특히 선수들을 보호해주어야 할 표준계약서가 부당한 대우의 온상이었다. 연맹에서 정하고 모든 구단이 사용하고 있는 표준계약서는 '을'의 입장인 선수들의 권리보다는 철저히 '갑'의 위치에 있는 구단에게 유리한 조항들로 넘쳐났다.

표준계약서의 문제점을 크게 네 가지로 압축해보면 다음과 같다.

1) 선수의 퍼블리시티권(Right of Publicity: 초상사용권 또는 인격표지권, 이하 '초

상권')이 입단과 동시에 연맹과 구단에 자동 귀속되는 반면, 선수들에 대한 수익 분배 전무

2) 계약기간과 연봉 약정 기간의 불일치(다년 계약하에서 연봉계약은 매년 하도록 한 것) → 우리나라에서는 이를 악용하여 선수들을 다년 계약으로 묶어놓고, 다양한 이유를 들어 선수들의 급여를 삭감하는 방식이 비일비재했다. 삭감비율은 최대 70~80%까지 진행이 되었으며, 이에 불응할 경우 계약 해지 종용이나 훈련 배제 등을 통해 선수들에게 압박을 가했다.

3) 선수들의 동의 없는 트레이드(임대/이적)

4) 천재지변과 같은 불가항력적 사유로 K리그 연간 경기 수가 줄어드는 경우, 선수의 연봉을 일방적으로 감액할 수 있도록 한 조항

〈K리그의 초상권 문제〉

우선 표준계약서의 첫 번째 부당한 조항인 초상권 문제부터 살펴보자.

퍼블리시티권은 개인이 가지는 고유한 권한으로, 초상권을 사용하여 수익이 생길 경우에 그 당사자와 배분하는 것이 당연한 이치다. 세계 축구계는 퍼블리시티권을 크게 초상권(선수들이 가지는 고유한 권리로써 ××구단 소속 ○○○ 선수 등 유니폼을 착용하고 하는 행위가 아닌 일체의 것에 대한 수익)과 상표권(구단의 이름과 유니폼을 착용하는 행위를 통한 수익)으로 구분해 그로 인해 발생한 수익을 구단과 선수가 나눠 갖는다.

특히 각국의 선수협은 선수들의 초상권을 집합적으로 FIFPRO에 위탁하고, FIFPRO는 이를 토대로 EA SPORTS, KONAMI 등과 같은 게임

회사와 거래하여 수익을 발생시킨다. FIFPRO는 이 수익을 바탕으로 선수들을 지원하고 보호하며, 각국에 수익을 분배하여 선수들에게 직접적으로 혜택이 갈 수 있도록 한다.

하지만 우리나라의 경우, 선수들은 초상권에 관한 그 어떠한 수익도 지금까지 배분받은 적이 없다. 심지어 본인이 게임의 등장인물로 나오는데도 그 수익이 자신에게 오지 않는 것에 대한 의문조차 가지는 선수가 없었다.

왜 선수들이 수익을 배분받을 생각을 하지 못했냐고 묻는 사람들이 있다. 선수들이 의문을 갖지 못하는 것은 어쩌면 당연한 일일 수밖에 없다. '지금까지 한 번도 배분받지 못했으며, 그것에 대해 말해주는 사람이 없었으니까.'

야구계도 초상권과 관련해 한 차례 파동을 겪었다. 프로야구선수협은 선수들의 초상권 문제에 관해 공정거래위원회(이하 '공정위')에 불공정약관 심사를 청구하여 최종 승소했다. 현재 프로야구선수의 초상권은 프로야구선수협에서 관리, 보호하고 있으며, 초상권 협의 자체를 선수협과 광고주가 한다. 그렇기에 야구계는 구단과 선수가 계약을 할 때, 초상권 수익과 관련한 협상도 하고 있다.

세계 프로축구계와 한국프로야구에서도 선수들의 초상권은 선수협에 의해 관리, 보호되고 있지만, 한국의 프로축구는 이런 개념조차 없었다. 심지어 이런 일도 있었다. K리그와 한 초코바/햄버거 회사가 컬래버레이션을 통해 마케팅을 진행한 적이 있었다. 초코바와 햄버거 포장지에 선수들의 얼굴이 들어가 있었고, 소비자들은 효과적이고 신선한 마케팅의 사례라며 긍정적으로 바라봤다. 하지만 그 속내는 현실의 찬사와는 너무나도 달랐다. 선수들은 본인의 얼굴이 해당 제품에 들어가 있다는 사실조차 알지 못했던 것이다.

가령 한 선수는 아들이 "아빠 편의점 초코바에 아빠가 있어!"라는 말을 해줘서 그때 알았다고 한다. 수익 배분은 둘째 치더라도 선수들에게 광고를 진행했다는 사실조차 알리지 않는 행태가 더욱 놀라웠다. 하지만 이 행위 자체는 법적으로 문제 될 부분이 없었다. '표준계약서가 그렇게 되어 있으며, 양 당사자는 그것에 따라 계약한 것일 뿐이니까.'

초상권의 수익에 관한 문제를 연맹과 논의할 때 연맹 관계자는 다음과 같은 말을 했다.

> "선수들의 연봉이 높은 이유는 연봉 안에 초상권에 관한 비용이 포함되어 있기 때문입니다. 심지어 한국의 경우 초상권에 대한 수익이 그렇게 높은 편이 아니기에 분배할만한 것도 없습니다."

이런 논리적 모순이 또 있을까? 그들은 계약서에 선수의 초상권이 구단과 연맹에 귀속된다고 하면서 초상권에 대한 수익 또한 연봉 안에 포함되어 있다고 말한다. 하지만 계약 시 초상권에 대한 설명을 들은 선수는 단 한 명도 없었다. 그래서 우리는 연맹의 주장이 도대체 어떤 것에 근거를 두고 나온 말인지 궁금했다. 연맹은 초상권을 활용한 수익이 높은 편은 아니라고 말하지만, 그 수익이 얼마이며 어디에 쓰이고 있는지 지금까지 한 번도 공개한 적이 없다.

FIFPRO 관계자들은 연맹이 초상권에 대해 밝힌 입장과 관련하여 다음과 같이 말했다.

"한국프로축구선수협회가 주장하는 것들은 선수들의 이득을 위한 것이 아닌 당연히 보호받아야 할 것들에 대한 것으로, 기본권에 대한 문제다(요나스 베어호프만 사무총장)."

"선수들의 연봉에 초상권이 포함되었다는 주장은 말도 안 된다. 만약 그들의 주장대로 포함되어 있다면, 초상권이 어디에 사용되는지 수익이 얼마인지 계약서에 명시되어야 한다. 초상권 수익이 어디에 얼마가 쓰이고 어디와 계약되어 있는지 선수들이 알고 있을지 궁금하다(사이먼 콜로시모 부사무총장)."

"일본에선 구단을 독점금지법의 '사업자'로 보고, '경쟁관계에 있는 복수의 구단들이 공동으로 선수들의 이적을 제한하거나 제약하는 규정을 두는 행위'를 독점금지법상 '부당한 거래제한 행위'로 보아 불공정거래 행위에 해당한다고 한 바 있다. 한국 또한 프로야구선수 계약에 관한 불공정약관심사청구에서 '구단이 선수에 대하여 경쟁법(독점금지법)상의 우월적 지위에 있다'라는 전제하에 야구선수 계약서상의 약관의 불공정성을 인정했다(야마자키 타쿠야 아시아 회장)."

이처럼 FIFPRO의 관계자들은 한결같이 연맹과 구단이 선수들의 초상권을 독점하는 행위에 대해 지적을 했다. 그렇다면 해외의 초상권 수익 분배는 어떻게 이루어질까? 축구게임의 예를 들어보자.

1) 축구게임 FIFA ONLINE에 대한 FIFPRO의 초상권 계약
2) FIFPRO와의 협상 후 EA SPORTS가 초상권 계약금 지불

3) FIFPRO는 해당 금액을 각 선수협에 분배하고 각 선수협은 선수들에게 합당하게 분배

몇몇 국가의 초상권 관련 규정을 보면, 영국 프리미어리그의 경우에는 선수와 구단이 초상권 수익 배분과 관련해 세부사항을 계약서에 명시하고 있다. 이탈리아는 선수협이 초상권을 집합적으로 관리하고, 스페인도 선수와 구단이 초상권과 관련한 계약을 할 때 선수협이 개입해 관리 감독한다. 뉴질랜드는 연맹과 선수협이 3년마다 초상권과 관련해 단체 협약을 진행하는데, 단체 협약에 의해 연맹은 선수들의 초상권을 선수협에 위임하고 선수협은 FIFPRO에 위임하는 형식을 취한다. 각 선수는 개인의 초상권을 소유하며 이는 "선수 개개인의 지적재산이다"라고 명시되어 있다. 또한 뉴질랜드 선수협은 선수의 초상권을 사용할 수 있는 독점적 권한이 있으며, 이는 "뉴질랜드 선수협의 지적재산이다"라고 명시되어 있다.

우리 선수협은 초상권에 관한 규정이 적어도 국제적 기준에라도 부합하길 원했다. 선수협은 선수들의 초상권에 대한 수익 분배가 정당하게 돌아갈 수 있도록 공정거래위원회 불공정약관심사청구 및 표준계약서 수정을 위해 많은 노력을 했다.

이러한 노력을 바탕으로 2020년 11월부터 2021년 5월까지 진행된 문체부와의 표준계약서 수정 논의를 통해 비선수활동에 대한 초상권 수익을 선수가 가질 수 있도록 변경했다(문체부와의 표준계약서 수정에 관한 내용은 뒤에 자세히 소개하겠다).

〈계약기간과 연봉기간 불일치 문제〉

우리나라 프로축구계에 통용되는 표준계약서에는 이해할 수 없는 조항이 있다. 바로 계약은 다년 계약으로 하되, 연봉은 매년 정할 수 있도록 하는 조항이다. 이 조항으로 인해 매년 70명 이상의 선수들이 갑작스럽게 연봉을 삭감당했다며 선수협에 연락을 했다. 사실 연봉 삭감 문제로 선수협에 연락하는 선수가 70명 남짓이지, 실제 피해를 보는 선수는 이보다 훨씬 많을 것으로 추정하고 있다. 정작 피해는 보고 있지만, 대부분의 선수는 역시나 구단의 눈치를 보며 선수협에 도움을 요청하지 못하는 것이다. K리그 1과 K리그 2 구단이 총 23개 구단임을 감안해보면, 매년 구단별 3명 이상의 선수가 연봉 삭감에 의한 피해를 호소한 셈이다. 물론 이런 일이 없는 구단들도 있기에 참고만 하길 바란다.

몇몇 구단은 해당 조항을 이용하여 연봉을 삭감하는 방식을 취해왔다. 예를 들어 3년 동안 연봉 5천만 원에 계약을 했다고 가정하자. 그렇다면 계약기간 3년 동안은 최소한 연봉 5천만 원은 보장하는 것이 합당하다. 하지만 구단은 다음 해 구단의 내부 평가를 근거로 기존 연봉의 60%가 삭감된 금액으로 재계약할 것을 종용한다. 만약 서명하지 않으면 구단에서 쫓겨나게 되며, 남은 계약기간의 연봉 또한 받지 못한다.

이것이 축구계의 현실이었다. 구단의 재정 형편이나 선수가 부상을 당했다는 이유 등 구단의 일방적인 요구만으로 선수들의 연봉을 삭감하고 있었다. 선수가 해당 제안을 받지 않을 경우, 구단은 강제적으로 방출을 시도했고, 방출이 불가능할 경우 훈련 배제 등을 통해 선수들을 압박했다. 선수들은 계약기간이 남아 있어 이적료가 발생하기에 다른 팀으로의 이적이 불가능했다. 이로 인해 은퇴를 한 선수들도 여럿 있었다. 일반 회사는 타 기업으로라도 이직할 수 있지만 축구계는 이적료 때문에 그마저도 자유롭지 못하다.

다음은 연봉 삭감 피해를 본 몇몇 선수들의 사례를 표로 정리한 것이다. 연봉 삭감을 받아들이지 않는 선수들에 대한 구단의 방식은 대체로 비슷하며, 이런 부당한 구단의 행태는 현재 진행형이다.

〈연봉 삭감 사례〉

선수명	내 용
A 선수	– 새로운 시즌 시작 앞두고 전년도 연봉의 70% 이상 삭감된 연봉으로 계약 체결 혹은 팀을 떠날 것을 요구/*3년 계약된 상태 (삭감 근거: 선수 부상) – 연맹 연봉조정위원회 신청 계약 해지 및 위약금으로 전년도 연봉의 30% 선수에게 지급 결정 – 불복하여 협회 분쟁조정위 재심 청구 선수에게 전년도 연봉 50% 위약금으로 지급 및 연봉 삭감 금액에 대해 옵션 조항으로 메울 것으로 결정 – 선수협과 함께 소송 진행 중
B 선수	– 계약기간 내 연봉 삭감 – 현재 소송 중
C 선수	– 구단에 남을 경우 최저연봉 지급 및 운동 따로 시키겠다고 통보 – 위의 제시안이 싫다면 계약 해지하자고 통보
D 선수	– 계약 1년 남았으나 시즌 전 훈련 미소집 – 구단에 남을 경우 기본 연봉만 주겠다고 통보(전년 대비 약 50% 삭감)

표에서도 알 수 있듯이 구단은 연봉 삭감을 받아들이지 않을 경우 방출 혹은 훈련 배제를 강요한다. 부당한 연봉 삭감의 대표적인 사례를 하나 소개하겠다. 인천의 레전드 '미추홀 파이터' 이윤표 선수의 이야기다.

◀ 이윤표 선수는 자신의 피해 사례를 통해 한국축구계가 변화하길 희망하고 있다.

이윤표 선수는 2017년부터 2019년까지 구단과 3년 계약이 되어 있었다. 하지만 인천은 2019 시즌 시작 전, 이윤표 선수에게 두 가지 선택을 제안했다.

1) 2019 시즌 연봉 대폭 삭감

계약 해지가 아닐 경우, 전년도 연봉(2018년도 연봉)의 약 75% 이상 삭감된 연봉으로 재계약할 것을 종용

2) 계약 해지

인천은 선수와 계약 해지를 요청했으며 계약 해지에 대한 위약금 명목으로 전년도 연봉의 15%를 지급

이는 계약기간이 종료된 후 진행되는 재계약 논의가 아닌, 계약기간이 남아 있음에도 불구하고 진행된 일이다. 만약 일반 직장인에게 3년 계약이 되어 있음에도 전년도 연봉의 약 75%를 삭감한다고 하면 어느 누가 받아들일 수 있겠는가. 또한 계약기간이 남은 상황에서 계약 해지를 당하는데 남은 기간 연봉을 위약금으로 주는 것이 아닌 15%만 지급을 한다고 하면 누가 받아들일 수 있을까.

이윤표 선수는 구단 소속 최다 출장을 노려볼 수 있을 정도로 인천에서 오랜 기간 헌신해 온 선수였으며, 팀의 상징적인 선수였다. 그럼에도 불구하고 구단은 일방적인 결정을 내린 것이다.

그런데 구단의 이윤표 선수에 대한 조치는 일반적인 상식에도 어긋날 뿐만 아니라, 대법원 판례로 봐서도 정당하지 않았다. 대법원은 (i) 계약기간 중에 있는 선수가 당해연도에 설령 부진한 성적을 냈더라도 구단은 성실하게 차년도 연봉협상을 진행해 나아갈 의무가 있고, (ii) 마찬가지로 계약기간 중에는 선수가 부진한 성적을 내더라도 무단 방출할 수 없으며, (iii) 연봉 삭감이 이루어지지 않은 이상 전년도 연봉액을 당해연도의 연봉으로 봐야 한다고 명확히 판시한 바 있다(대법원 2019. 6. 19. 선고 2019다222461판결: 수원지법 2019. 2. 19. 선고 2017나75583 판결 등).

이러한 인천의 제의에 선수는 구단과 합의점을 찾고자 했으나 결렬되고, 연맹의 조정위원회에 조정을 신청하게 된다. 그런데 연맹 조정위원회의 결과는 매우 놀라웠다.

연맹은 "인천과 이윤표 선수의 계약을 해지하고, 위약금조로 구단은 선수에게 전년도 연봉의 30%를 지급하라"라는 위법적이고 월권적인 결정을 한 것이다. 연맹이 무슨 근거로 선수와 구단의 계약 해지를 종용하고 그에 따른 위약금을 정해준다는 말인가. 어떠한 권리나 어떤 조항을 근거로 이치에 맞지 않은 결정을 내린 것인지 이해할 수 없었다.

이후 이윤표 선수는 협회 분쟁조정위원회에 재심을 청구했지만, 협회 또한 연맹의 결정과 크게 다를 바 없었다. 협회는 "인천은 이윤표에게 전년도 급여의 50%를 지급하라"라는 결정을 내렸고, 선수는 고심 끝에 부당한 연봉 삭감 문제로 피해받는 다른 선수들을 위해 용기를 냈다. 바로 민사 소송 진행을 결심한 것이다. 선수는 구단을 상대로 한 소송이 얼마나 위험한지 알고 있었다. 자칫하면 선수 은퇴까지 고려해야 했으며, 구단과의 마찰로 인해 은퇴식마저 어렵게 될 수도 있었다. 그럼에도 불구하고 선수는 축구계의 악습을 후배들에게 물려주지 않기 위해 어려운 길을 택했다.

나는 이윤표 선수의 용기를 헛되게 하고 싶지 않았다. 그 즉시 나는 FIFPRO와 미팅을 진행했고, 법원에 제출하기 위해 CAS의 판례를 찾아 공증 번역을 진행했다. 또한 국내 NDRC의 구성적 요건의 흠결을 사유로 들어 부당함을 주장하고, 그 결정이 무효임을 주장하기 위해 FIFA DRC 위원인 야마자키 회장의 의견서를 요청했다.

다음은 야마자키 회장의 의견서 및 번역본이다.

한국축구의 미래를 꿈꾸다

陳 述 書

2021 年 11 月 8 日

CAS 仲裁人／前 FIFA 紛争解決室仲裁人

山崎 卓也

第1　はじめに

　私は，本件で問題となっている Court of Arbitration for Sport（CAS）の仲裁人を 2019 年から務めています。CAS は，FIFA（国際サッカー連盟）の紛争解決室（Dispute Resolution Chamber。以下 DRC といいます）の上訴審にあたり，私はその DRC の仲裁人を，2009 年から CAS の仲裁人となる 2019 年までの 10 年間，務めていました。CAS のうち，DRC からの上訴を受け付ける Football Chamber に属している仲裁人は，東アジアには 5 人しかいませんが，私はそのうちの一人になります。

第2　今回の選手契約における紛争解決に関する条項について

　今回の訴訟では，選手契約の紛争解決に関する第 11 条 4 項に，KFA の決定に対する不服申立は，FIFA に行わなければならないと定められていることが問題となっていると聞いていますが，今回のような韓国のクラブと韓国人選手との間の選手契約紛争といった国内紛争を FIFA に不服申し立てすることは不可能です。

　なぜなら，DRC は，例えば，マレーシアのクラブと韓国の選手との間の選手契約をめぐる紛争のような，クラブと選手が，違う国にまたがるタイプの紛争（国際紛争）を取り扱う機関であり，韓国のクラブと韓国の選手との間の紛争といった，国内紛争については取り扱わないものとされているからです。これは FIFA の Regulations on the Status and Transfer of Players（以下，RSTP といいます）の第 22 条 b）にはっきりと規定されています。

　従って，上記選手契約 11 条 4 項は，そもそも不可能なことを規定しているものであって，無効とされるべきものであり，この論理的帰結として，11 条 5 項も無効とされるべきです。CAS は，FIFA の DRC の上訴機関であり，また 11 条 5 項は「FIFA の」

1

決定に対する不服申立手段として定められている以上、DRC の管轄が認められない本件では、11条5項も、当然無効とされるべきです。

第3　韓国国内裁判所への訴えの管轄が認められるべきであることについて

まず、サッカーの世界では、選手契約に関する紛争を裁判所に持ち込むことは、FIFA の規定などにより許容されています。この点は、RSTP の第22条の冒頭に、"Without prejudice to the right of any player, coach, association, or club to seek redress before a civil court for employment-related disputes"と記載されていることからも明らかです（つまりサッカー界内部の紛争解決機関を用いずに、裁判所に紛争を持ち込むことが許されている）。これに基づいて、とりわけアジア各国のように、サッカー界のための国内紛争解決機関が整備されていない国では、選手契約の紛争解決が、国内の裁判所に持ち込まれることがよくあります。

次に、サッカーの世界では、サッカー界内部の紛争解決機関が下した、選手契約に関する仲裁判断が裁判所で争われることも、よくあります。例えば、選手契約の国際紛争について、FIFA の DRC が第一審となり、CAS に不服申し立てされて CAS が控訴審として下した判断が不当であるとして、Swiss Federal Tribunal（スイス連邦最高裁判所）に不服申し立てされることは、実際よく行われています。これは、スイス国際私法典190条2項が、以下の各事由に該当する場合は、仲裁判断は取り消されるべきと定めているからです。

> a)単独仲裁人が適切に選定されなかった場合又は仲裁パネルが適切に構成されなかった場合
>
> b)仲裁パネルが管轄を誤って認め、又は認めなかったとき。
>
> c)仲裁パネルの判断が、仲裁パネルに提出された主張の範囲を超えるものであるとき、又は仲裁パネルが請求の事項の一つを判断しなかったとき。
>
> d)当事者の平等取扱いの原則又は当事者の聴聞を受ける権利が侵害されたとき。
>
> e)公の秩序又は善良の風俗に反するとき。

2

本件は、大韓サッカー協会（以下、「KFA」といいます）が行った仲裁判断の不当性について、韓国国内裁判所で争うことができるかどうかが問題となっているようですが、もしこれが認められないとすれば、非常に不公正な結果となるものであり、絶対に管轄が認められるべきと考えます。

　その理由は、大きく分けて二つあります。

　一つは、KFA の紛争調停委員会の委員の構成が、公平公正なものといえないことです。これは、FIFA が、その会員である各国サッカー協会（以下、「加盟国協会」といいます）が、選手契約の紛争解決機関として設置すべきとしている国内紛争解決室（National Dispute Resolution Chamber。以下「NDRC」といいます）に関して要求している条件を、KFA の紛争調停委員会が満たしていないことからも明らかです。

　FIFA は、2007 年 12 月 28 日付で、加盟国協会に、通達 1129 号を送付し、その中で、2008 年 1 月から全ての加盟国協会が、公平中立な国内紛争の解決機関 NDRC を設置すべきことを義務づけました。ここでいう「公平中立」とみなされる条件として、同通達は、仲裁人の選定において、同じ数の仲裁人（最低でも 1 名ずつ）が、選手側、クラブ側からの指名により選ばれることと、仲裁パネルのチェアマンが、選手、クラブ双方の合意に基づいて、選手、クラブから独立した中立の第三者から選ばれることを要求しています。ここでいう選手側とは、具体的には各国の選手会を意味していて、韓国では、KPFA がそれに該当します。つまり仲裁パネルのチェアマンは、K リーグと KPFA が双方「合意の上」選んだ中立の人でならなければならないにも関わらず、KFA の紛争調停委員会のチェアマンは、KPFA の意見を聞かずに決められた人が就任していると聞いています。これは、上記 FIFA の通達 1129 号に違反するものであり、このように通達 1129 号を遵守した紛争解決機関を設置すべき義務を、KFA が果たしていないという点は、2018 年 12 月 6 日に、FIFA がクアラルンプールにおいて KFA、K リーグ、KPFA を招いて行ったミーティングで、明確に FIFA から指摘された点でもあります。このような FIFA からの指摘を無視して運営され続けている、公平中立ではない KFA の紛争調停委員会の判断は、到底有効とされるべきではないものです。

3

もう一つの理由は、選手契約に関する紛争解決を、Kリーグや、KFAが設置した紛争解決機関で行うことを定めた、選手契約11条の規定は、Kリーグが、選手会であるKPFAとの交渉を行わずに一方的に定めたものであり、それゆえ、Kリーグに一方的に有利になっている不公正なものだからです。Kリーグでプレーしようとする選手は、この選手契約書にサインしないとKリーグでプレーすることができないので、この不公正な条項を受け入れざるを得ないことになります。つまりこの仲裁条項は、Kリーグクラブが選手に対して強制的に合意させたものであって、この条項が裁判所で争えないとすれば、選手の基本的人権である、公正な裁判を受ける権利は保障されないことになってしまいます。

以上

4

진술서

2021년 11월 8일
CAS 중재인 / 前 FIFA 분쟁해결실중재인
야마자키 타쿠야

제1 들어가며

저는 본건에서 문제가 되고 있는 Court of Arbitration for Sport(CAS)의 중재인을 2019년부터 하고 있습니다. CAS는, FIFA(국제축구연맹)의 분쟁해결실(Dispute Resolution Chamber, 이하 'DRC'라 함)의 상소심에 해당하고, 저는 그 DRC의 중재인을 2009년부터 CAS의 중재인이 된 2019년까지 10년간 하였습니다. CAS 내에서, DRC로부터의 상소를 접수하는 Football Chamber에 소속되어 있는 중재인은, 동아시아에는 5명 밖에 없는데, 저는 그 중 1명입니다.

제2 이번의 선수계약에 있어서의 분쟁해결에 관한 조항에 대하여

이번 소송에서는, 선수계약의 분쟁해결에 관한 제11조 제4항에, "KFA(대한축구협회)의 결정에 대한 불복신청은 FIFA에서 이루어져야 하는 것으로 규정되어 있는 것"이 쟁점이 되어 있다고 들었습니다. 그러나 이번과 같은 한국 구단과 한국인 선수 간의 선수계약분쟁인 "국내분쟁"을 FIFA에 불복신

1

청하는 것은 불가능합니다.

왜냐하면, DRC는 예를 들면 말레이시아 구단과 한국 선수 간의 선수계약을 둘러 싼 분쟁과 같은, 구단과 선수가 서로 다른 나라에 걸쳐 있는 형태의 분쟁(국제분쟁)을 취급하는 기관으로서, 한국 구단과 한국선수 간의 분쟁인 국내분쟁에 대해서는 취급하지 않는 것으로 되어 있습니다. 이는 FIFA의 「Regulations on the Status and Transfer of Players」(이하 'RSTP'라 함) 제22조 b)항에 명확히 규정되어 있습니다.

따라서, 상기 선수계약 제11조 제4항은 그 자체로서 불가능한 것을 규정하고 있는 것으로서 법률상 무효로 된다고 해야 하고, 그 논리적 귀결로서 제11조 제5항도 무효로 된다고 해야 합니다. CAS는 FIFA의 DRC의 상소기관이고, 또 제11조 제5항이 "FIFA의" 결정에 대한 불복신청수단으로서 규정되어 있는 이상, DRC의 관할이 인정되지 않는 본건에서는 제11조 제5항도 당연무효도 되는 것입니다.

제3 한국국내법원에 대한 소제기의 관할이 인정되어야 한다는 점에 대하여

우선, 축구의 세계에서는 선수계약에 관한 분쟁을 법원에 가지고 가는 것은 FIFA의 규정 등에 의해 허용되어 있습니다. 이 점은, RSTP 제22조의 모두(冒頭)에, "Without prejudice to the right of any player, coach, association, or club to seek redress before a civil court for employment-related dispute"

2

라고 기재되어 있는 것으로부터도 명확합니다(즉, 축구계 내부의 분쟁해결 기구를 이용하지 않고, 법원에 분쟁을 가지고 가서 해결하는 것도 허용되어 있음). 이에 기초하여, 아시아 각국과 같이, 축구계를 위한 국내분쟁해결 기관이 정비되어 있지 않은 국가에서는, 선수계약의 분쟁해결이, 국내의 재판소에서 이루어지는 경우가 자주 있습니다.

또한 축구의 세계에서는, 축구계 내부의 분쟁해결기관이 내린 선수계약에 관한 중재판단이 각국의 법원에서 다시 다투어지는 경우도 자주 있습니다. 예를 들면, 선수계약의 국제분쟁에 대해, FIFA의 DRC가 제1심이 되고, 이에 CAS에 불복신청이 되어 CAS가 항소심으로서 내린 판단이 부당하다고 하여, Swiss Federal Tribunal(스위스 연방 최고법원)에 다시 불복신청이 이루어진 경우도 상당히 많이 있습니다. 이것은 스위스 國際私法 제190조 제2항이 아래의 각 사유에 해당하는 경우는 중재재판이 취소되어야 한다고 규정하고 있기 때문입니다.

a) 단독중재인이 적절하게 선정되지 않은 경우 또는 중재패널이 적절하게 구성되지 않은 경우

b) 중재패널이 관할을 잘못 인정하거나, 또는 인정하지 않은 경우

c) 중재패널의 판단이 중재패널에 제출된 주장의 범위를 초과하는 경우, 또는 중재패널이 청구사항의 하나를 판단하지 않은 경우

d) 당사자의 평등취급의 원칙 또는 당사자의 청문을 받을 권리가 침해된 경우

e) 공서양속 또는 선량한 풍속에 반하는 경우

3

본건은 대한축구협회(이하 'KFA'라 합니다)가 한 중재판정의 부당성에 대해, 한국국내법원에서 다투는 것이 가능한지 아닌지가 쟁점으로 되어 있으나, 만일 이것이 인정되지 않는 경우에는 매우 불공정한 결과가 되어 절대적으로 한국 법원의 관할이 인정되어야 합니다.

그 이유는, 그게 나누어 두 가지입니다.

하나는, KFA의 분쟁조정위원회의 위원의 구성이, 공평공정하다고 할 수 없기 때문입니다. 이것은, FIFA가 그 회원인 각국축구협회(이하 '가맹국협회'라 합니다)가 선수계약의 분쟁해결기관으로서 설치해야 하는 것으로 규정하고 있는 국내분쟁해결실(National Dispute Resolution Chamber, 이하 'NDRC'라 합니다)에 관해 요구하고 있는 조건을, KFA의 분쟁조정위원회가 충족시키지 못하고 있는 점으로부터도 명확합니다.

FIFA는 2007년 12월 28일자로, 가맹국협회에 "통달1129호"를 송부하였고, 여기서 2008년 1월부터 모든 가맹국협회가 공평중립적인 국내분쟁의 해결기관 NDRC를 설립하는 것을 의무화시켰습니다. 여기서 말하는 "공평중립"으로 간주되는 조건으로서, 위 통달은 중재인 선정에 있어서 같은 수의 중재인(최저라고 해도 1명씩)이 '선수 측' 및 '구단 측'으로부터의 각 지명에 의해 선정되어야 하는 것과, 중재 패널의 회장은 선수, 구단 쌍방의 합의에 기초하여 선수, 구단으로부터 독립된 중립의 제3자로부터 선정할 것을 요구하고 있습니다. 여기서 말하는 "선수 측"이라 함은 구체적으로 각국의 선수협회를 의미하며, 한국의 경우 한국프로축구선수협회(KPFA)가 이에 해당합니다. 즉 중재패널의 회장은, K리그와 KPFA가 "쌍방 합의에 의해" 선정한 중립적인 인물이 아니면 안됨에도 불구하고, KFA의 분쟁조정위원회의 회장은 KPFA의 의견을 듣지 않은 채 결정된 자가 취임하고 있습니다.

4

이것은, 上記 FIFA 통달 제1129호에 위반되는 것으로서, 위 통달 제1129호를 준수한 분쟁해결기관을 설치해야 하는 의무를 KFA가 이행하지 않고 있는 점은, 2018년 12월 6일 FIFA가 말레이시아 쿠알라룸프르에서 KFA, K리그, KPFA를 소집하여 진행한 미팅에서 명확하게 FIFA로부터 지적된 바 있습니다. 이러한 FIFA로부터의 지적을 무시하여 운영되고 있는, 공평중립적이지 않은 KFA의 분쟁조정위원회의 판단은 도저히 유효하고 볼 수 없는 것입니다.

다른 하나의 이유는, 선수계약에 관한 분쟁해결을 K리그나 KFA가 설치한 분쟁해결기관에서 진행할 것을 규정한 선수계약 제11조의 규정은, K리그가 한국의 선수협회인 KPFA과의 교섭을 전혀 행하지 않은 채 일방적으로 정해놓은 규정이고, 그로 인해 K리그에 일방적으로 유리하게 되어 있는 불공정한 것이기 때문입니다. K리그에서 뛰고자 하는 선수는 이 선수계약에 싸인하지 않으면 K리그에서 뛰는 것이 불가능하기 때문에, 위와 같은 불공정한 조항을 넣은 계약서에 싸인하지 않을 수 없게 됩니다. 즉 위 중재조항은, K리그 구단이 선수에 대해 강제적으로 싸인하게 한 것으로서, 그 조항을 법원에서 다툴 수 없다고 한다면, 선수의 기본적 인권인, 공정한 재판을 받을 권리는 보장받을 수 없게 되어 버립니다.

이상

야마자키 타쿠야

5

나는 선수의 용기에 조금이라도 도움이 되길 바라면서 가능한 도움이 될만한 모든 자료를 준비했다. 현재 이 사건은 진행 중이며 FIFA는 DRC 사건번호 11121922. 2012. 11. 06. 판결을 통해 계약기간 동안 약정된 연봉을 절대 삭감해서는 안 된다고 하고 있다.

위 판결은 형식적으로는 계약기간 동안 선수의 연봉이 정해져 있으나, 구단이 '모호한 기준'을 들어서 '일방적으로' 선수의 연봉을 감액할 수 있으므로, 선수에게 일방적으로 불리하여 무효라는 취지의 판결이다.

계약기간이 정해져 있으면, 선수는 구단의 동의가 없는 한 다른 팀으로 이적을 할 수가 없다. 이로 인해 계약기간을 5년으로 정하고 매년 연봉협상을 하는 경우, 구단이 선수의 연봉을 대폭 삭감하더라도 선수는 계약기간 동안에는 다른 팀으로 갈 수 없기에 어쩔 수 없이 구단이 제시하는 연봉을 받게 되는 경우가 많았다. 즉, 정해진 계약기간 내에서 선수의 연봉에 대한 실질적인 결정 권한은 오롯이 구단만이 가지게 되는 것이다.

연맹은 이에 대해 "선수들의 연봉은 매년 오를 수도 있지 않나, 오를 수 있으니 내릴 수 있는 것은 당연하며 선수들도 좋아한다. 그리고 프로선수가 실력을 연봉으로 평가받는 것은 정당하다"라고 한다.

해외 선진 리그의 경우 선수가 잘할 경우에 연봉이 올라가는 것은 다른 구단에 쉽게 빼앗기지 않기 위함이고, 그게 싫다면 타 팀으로 이적을 보낸다. 매년 연봉협상을 원하는 선수가 있을 경우, 1년 계약을 체결하면 된다. 또한, 일방적으로 모호한 구단만의 근거로 선수들의 연봉을 삭감하는 것은 앞서 서술한 것처럼 명백한 FIFA 룰 위반이다. 축구계는 아무리 로컬 룰이라고 할지라도, FIFA의 룰을 위반해서는 안 되는 것이다.

구단의 성적에 대한 책임을 선수들만 오롯이 져야 하는 현실도 아이러니하다. 축구는 선수들뿐만 아니라 프런트 직원들, 구단의 단장과 고위 관계자가 모두 함께할 때 그 성과가 최대로 발휘될 수 있다. 프로로서 평가받는 게 정당하다고 생각한다면 그 잣대가 선수뿐만 아니라, 구단의 모든 관계자들에게 공정하게 적용되어야 하고 모두가 납득할 수 있어야 한다.

〈선수의 동의 없는 트레이드(이적/임대)〉

선수의 동의 없는 트레이드는 K리그 표준계약서의 유명한 악습 조항 중 하나다. 선수들을 이적/임대할 때 현 계약보다 1원이라도 높을 경우, 선수는 무조건 구단이 지정하는 곳으로 이적을 해야 한다. 이를 거부할 때는 임의탈퇴 처리가 된다.

이 조항 또한 FIFA의 규정을 정면으로 위반하고 있으며 FIFPRO와 FIFA에서도 강력하게 규탄한 제도다. FIFA RSTP(Regulations on the Status and Transfer of Players: 선수 이적에 관한 규정) 제13조에 따르면 "선수와 구단의 계약은 계약만료 또는 상호 합의하에만 해지할 수 있다(Respect of contract: A contract between a professional and a club may only be terminated upon expiry of the term of the contract or by mutual agreement)"라고 명시되어 있으며, 선수 동의 없이 트레이드를 감행하는 것은 일방적으로 현 계약을 해지하고 다른 클럽과 계약을 체결하는 행위로 간주한다.

또한 선수의 동의 없는 트레이드 조항은 세계 인권선언서 제23조에도 정면으로 위반된다. 세계 인권선언서의 제23조는

1) 모든 사람은 일, 직업의 자유로운 선택, 정당하고 유리한 노동 조건, 그리고 실업에 대한 보호의 권리를 가진다.
2) 모든 사람은 아무런 차별 없이 동일한 노동에 대하여 동등한 보수를 받을 권리를 가진다.
3) 노동을 하는 모든 사람은 자신과 가족에게 인간의 존엄에 부합하는 생존을 보장하며, 필요한 경우에 다른 사회보장방법으로 보충되는 정당하고 유리한 보수에 대한 권리를 가진다.
4) 모든 사람은 자신의 이익을 보호하기 위하여 노동조합을 결성하고, 가입할 권리를 가진다.

라는 내용을 포함하고 있다.

FIFA 및 FIFPRO는 해당 조항에 대해 강력하게 규탄했으며, FIFA는 대한축구협회 측에 공식적으로 내용 확인을 요청했다. FIFPRO 또한 성명문을 통해 해당 조항의 부당함을 지적하며 FIFA 제소까지 검토했고, 한국에 방문하여 언론 인터뷰도 고려하고 있다고 전했다.

선수들의 동의 없이 트레이드되는 조항은 전 세계 축구계에선 용납될 수 없는 일이며 한국에서는 해당 조항으로 인해 많은 선수들이 피해를 봤다. 대표적인 사례로 남준재-김호남 선수 트레이드 사건이 있다.

2019년 제주 유나이티드(이하 '제주')와 인천은 김호남-남준재를 맞트레이드했다. 이는 당시 인천이 강등권이던 시기이며 남준재는 인천의 주장을 맡고 있었다. 남준재 선수는 인천을 위해 헌신해오던 선수였기에 팬들의 거센 반발을 불러일으켰다. 트레이드에 대한 좋지 않은 여론이 퍼지자 구단들은 선수가 알고 있던 내용이라 전했지만, 팬들은 선수를 향한 비난을 멈추지 않았다.

그런데 이 맞트레이드의 이면에는 "현재의 조건보다 좋은 조건일 경우, 선수는 이적/임대를 거부할 수 없으며, 이를 거부할 시, 임의탈퇴 처리된다"라는 조항이 있었다. 트레이드 사건에 대해 남준재는 정확한 상황과 제도의 부당함을 알리기 위해 선수협과 논의 끝에 입장문을 발표했다.

다음은 남준재 입장문의 전문이다.

〈남준재 입장문〉

안녕하세요. K리그 팬, 인천 팬 여러분 남준재입니다.

며칠간 저의 이적 문제로 인해 여러 잡음이 생겼습니다. 설왕설래가 오가다 보니 오해가 쌓일 수도 있고, 사실이 입을 타면서 와전돼 사실무근의 이야기가 인터넷을 타고 떠돌았습니다. 이에 제가 상황을 설명하는 것이 옳다고 생각해 한국프로축구선수협회를 통해서 이렇게 입장문을 전합니다.

저는 트레이드 하루 전날 에이전트를 통해 제주가 관심을 보이면서 인천 구단에 문의했다고 들었습니다. 이적시장 기간에 구단이 선수에게 관심을 보이는 것은 당연한 일입니다. 하지만, 저는 인천의 주장으로서 설마 하루아침에 트레이드가 되겠냐는 생각에 그 말을 듣고도 대수롭지 않게 생각하였습니다.

하지만, 제 생각과 다르게 상황은 매우 급하게 돌아갔습니다. 7월 3일 오전 운동을 마치고 씻기도 전에 트레이드가 성사되었다고 에이전트에게 이야기를 들었습니다.

이번 인천 유나이티드의 간담회에서 인천 관계자들은 제주가 저에게 관심을 보이며 트레이드를 제안한 사실을 남준재 선수가 알고 있었다고 얘기하였습니다.

저는 트레이드에 관련한 이야기가 오간다는 사실만 알았을 뿐, 구단 관계자 및 코치진들과 어떤 상의와 면담도 없이 트레이드가 결정됐습니다. 저는 이처럼 트레이드 관련 이야기가 진전된 상황에 대해 아무것도 알지 못한 채 7월 3일 오후 1시에 트레이드가 결정되었다는 이야기를 전해 들었고, 저는 당일 오후 5시 제주행 비행기에 몸을 실어야만 했습니다.

워낙 시간이 촉박하다 보니 오전 운동 후 샤워도 제대로 할 수가 없었고, 팀 동료들과 작별 인사도 나누지 못했습니다.

겨우 유상철 감독과 코치에게 짧은 인사를 나눴고, 답답한 마음으로 정들었던 곳을 떠나게 됐습니다. 슬픈 마음으로 공항으로 향하던 와중에 제 휴대 전화벨이 울렸습니다. 전화를 받자 인천 프런트 직원은 구단 대표님과 이천수 전력강화실장에게 인사를 하고 가야 한다는 메시지를 전달했습니다.

이에 저는 공항으로 향하던 차를 돌려 무거운 마음으로 짧게 인사를 나눴습니다.

저는 동고동락했던 동료들과 제대로 작별 인사도 하지 못했고, 가족들과 상의도 없이, 사랑하는 아들, 딸이 친구들과 마지막 인사도 제대로 나누지 못한 채 하루아침에 인천에서 제주로 삶의 터전을 옮기게끔 한 못난 남편이자 아빠였습니다.

저는 인천에서 떠나면서 나의 선택과 의사는 단 1도 물어보지도 않고 트레이드 결정이 이뤄졌는지 사실 이해가 가지 않았습니다. 그렇게 촉박하게 시간에 쫓겨가며 결정을 내려야 할 이유가 있었는지 아쉬울 따름입니다.

내가 가진 열정과 모든 것을 쏟아부었지만, 인천에 있어 남준재는 별거 아닌 존재였는가 하는 생각에 속상하고 허탈한 마음에 눈가에 눈물이 고였습니다.

며칠 동안 많은 생각을 하며 무엇이 올바른 길인지 고민하고 또 고민하다 K리그, 인천 팬에게 저의 진심을 전하기로 마음먹었습니다.

지금 누군가를 미워하고 원망하기보다는 내가, 우리가 앞으로 해야 할 일이 무엇인지에 대해 깊이 생각했습니다.

저는 참으로 다사다난한 프로생활을 겪었고, 현재 진행 중입니다. 그러나 저뿐만이 아닙니다. 많은 선수가 부당한 일을 겪고 축구 외적인 일로 가슴 아프고 슬퍼합니다.

우리나라 프로축구에만 해당하는 트레이드 로컬 룰 이면계약 다년 계약 보상금제도 등등 개선이 필요한 규정으로 인하여 선수와 축구를 사랑하는 모든 이들이 피해를 받고 있습니다.

더는 이런 일이 반복되지 않도록 해야 합니다. 팬과 선수 그리고 여러 관계자분이 관심을 두고 규정들을 개선할 수 있도록 힘을 모았으면 좋겠습니다. 구단들이 규정에 따라 이적을 진행하고 있습니다만, 제2의 남준재와 같은 일이 없기 위해서는 연맹이 해당 조항을 올바르게 수정해야 구단이나 선수 그리고 K리그가 더 상생하고 사랑받을 수 있는 리그가 될 수 있다고 생각합니다.

이런 규정과 문제가 하루라도 빨리 개선될 수 있도록 모든 시선과 관심 주시길 다시 한번 부탁드립니다. 지금도 이런 일이 벌어지고 있을지 모르니까요.

그리고 저와 비슷하게 아무것도 알지 못한 채 급작스럽게 제주에서 인천으로 올라오게 된 김호남 선수가 인천에서 좋은 모습을 보여주길 희망하고, 경황이 없을 그의 가족들에게

한국축구의 미래를 꿈꾸다

도 따뜻한 응원 부탁드립니다.

마지막으로 인천 팬 여러분들의 응원은 그 어떠한 것보다 제 가슴을 울렸으며 보내주신 사랑은 너무 뜨거워 저를 항상 몸 둘 바를 모르게 할 정도로 감동이었습니다. 단순한 팬이 아닌 사람 대 사람으로서 깊은 우정과 진한 감동이었습니다.

그리고 저는 주장으로서 오직 팀만을 생각하고 팀워크를 중시했으며 축구화를 신었을 때 누구보다 승리를 간절히 원했고 죽을힘을 다해 뛰었습니다.

인천 팬 여러분. 저에게 평생 잊지 못할 추억을 만들어주셔서 저는 정말 행복한 선수입니다. 팬들이 주신 사랑 영원히 간직하겠습니다. 진심으로 사랑합니다.

나는 남준재 선수의 입장문을 전달받고 정말 가슴이 아팠다. 이러한 부당한 조항으로 인해 선수들은 하루아침에 삶의 터전이 바뀌는 경우가 허다했다. 또 선수가 구단의 제안을 거절하거나 부당함을 대외로 알릴 경우, 그 선수에게 가해질 압박을 알고 있었기에 선수협에서도 선수들에게 함께 부당함을 알리고 해결해보자는 말을 쉽게 꺼내지 못하고 있었다. 하지만 남준재는 사건의 근본적인 원인이 '제도'에 있음을 대중에게 알리고, 그것을 개선하기 위해 큰 용기를 내주었다.

남재준 선수의 입장문 발표 후, 구단은 팬들과의 간담회를 열었다. 해당 조항의 부당함에 대한 여론이 형성되는가 싶더니, 결국 큰 변화를 가져오지 못하고 잠시 이슈화되고 이내 잠잠해졌다. 나는 그의 용기를 기억하고 있고 잠깐의 바람으로 그쳐서는 안 된다고 생각했다. 선수의 용기가 헛되지 않게 선수협은 문제 해결을 위해 지금도 끊임없이 노력하고 있다.

〈제도 개선과 대화의 중요성〉

표준계약서의 문제로 지적한 네 번째 조항을 보자. 표준계약서에는 천재지변과 같은 불가항력적 사유로 K리그 연간 경기 수가 줄어드는 경우, 선수의 연봉을 일방적으로 감액할 수 있도록 한 조항이 있다. 이 조항은 코로나19 팬데믹이라는 특수한 상황에서 신설된 조항이다. 이에 관한 이야기는 코로나 상황 속에서 선수협이 조직 구성과 전략을 어떻게 계획했는지 다음 장에서 설명하겠다.

나는 선수들을 옥죄는 부당한 조항들을 개선하기 위해 선수 및 관계자들과 끊임없이 대화하고 소통했다. 그중 한 구단 관계자는 나에게 이런 말을 했다.

"표준계약서에 이적 관련 조항, 매년 연봉을 협상하도록 되어 있는 부분이 결코 선수에게 유리하거나 공정한 계약이 아니라는 사실은 알고 있다. 하지만 구단의 입장에선 이를 이용하지 않을 이유는 없다. 구단은 표준계약서를 준수하는 것일 뿐, 불법이 아니며, 계약서가 그렇게 되어 있는 이상, 구단에선 이것을 이득으로 이용할 수밖에 없다. 따라서 표준계약서가 바뀌지 않는 한 아마 다른 구단들도 계속 이용할 것이다.”

나는 이 말을 들으며, 제도 개선의 중요성을 다시 한번 깨닫게 되었다. 사실 K리그 창설 이후 지금까지 제도를 만들거나 규정을 수정·보완할 때, 선수들의 의견이 반영됐던 적은 단 한 번도 없었다. 제도와 규정이 바뀌면 가장 먼저 직접적인 영향을 받는 것이 선수임에도 불구하고 연맹과 구단에서 정한 것을 선수들은 기사로 처음 접하게 되는 상황이었다.

그래서 선수협은 한국축구가 더욱 발전하려면 연맹, 구단, 선수가 다 같이 모여 논의하고 함께 나아가야 한다고 주장했다. 하지만 여전히 선수들은 '을'의 입장이며, 그저 결정한 것을 따라야만 하는 존재들로 인식된다.

선수협 창설 이후부터 꾸준히 연맹에 여러 문제점을 전달하며 대화를 통해 개선을 해보고자 시도했지만, 아직까지도 원활하지 못한 점이 있다. 더군다나 연맹은 주장위원회(간담회)를 만들어서 이 위원회가 선수협의 역할을 하고 있다며, 선수협의 존재를 부정해왔다.

사실 너무나 아이러니하다. 동등한 입장에서 대화를 해야 할 주체인 '선수'들의 목소리 창구가 연맹의 산하에 소속되어 있는 것부터가 선수들의 목소리는 연맹보다 아래로 여겨지고 있다는 방증이며, 애초에 선수들의 목소리가 반영되어 개선될 여지가 거의 없음을 나타내는 것과 다를 바 없었다.

실제로 주장위원회가 선수들이 겪는 부당한 대우에 대해 여러 번 언급했지만, 그때마다 연맹 관계자는 개선하겠다는 말만 반복할 뿐, 달라지거나 개선의 시도조차 없었다. 그래서 주장위원회도 점차 선수들의 신뢰를 잃어갔다.

나는 현실의 장벽이 높다고 안주하거나 '안 된다는데 어쩔 수 없지'라는 생각을 할 수조차 없었다. 우리가 움직이지 않고 시도조차 하지 않으면 피해받는 선수는 더욱 많아질 것이 분명했다. 그래서 아무리 어려운 현실이라도 '할 수 있는 모든 것을 해보자'라고 다짐하며 다음 계획을 세워나가기 시작했다.

한국축구의 미래를 꿈꾸다

선수협 이근호 회장 인터뷰

◀ **한국축구계의 발전을 위해
기꺼이 나서준 현역 첫 회장
이근호 선수.**
나는 그에게 항상 감사한
마음을 가지고 있다.

"후배들이 K리그를 사랑하고
꿈꿀 수 있도록 힘을 보태고 싶다."

축구 팬이라면 K리그에서 활약하고 있는 이근호 선수를 모르는 사람은 아마 없을 것이다. 하지만 그가 한국프로축구선수협회의 회장을 맡고 있다는 사실은 축구 팬들 사이에서도 널리 알려져 있지 않다. 2018년 말, 선수협의 회장으로 선임된 이후 지금까지 선수들의 인권과 K리그의 발전을 위해 쉼 없이 달리고 있는 이근호 회장의 이야기를 들어보자.

Q. 선수협과의 인연은 어떻게 맺게 되었나?

A. 2016년 제주에서 뛸 때 선수협 김훈기 사무총장과 만나게 됐죠. 처음엔 큰 관심이 없었는데 설명을 들어보니까 꼭 필요한 단체더라고요. 그때 선수협에 가입했습니다. 후배들이 보이지 않는 곳에서 불합리한 일을 많이 겪고 있습니다. 그런 걸 보고 외면하는 건 선배의 도리가 아닌 거 같더라고요.

Q. 축구계에서 불합리한 일을
직접 본 적은 있는지.

A. 힘없는 후배들의 경우엔 본인 동의 없이 팀을 옮기는 일이 비일비재합니다. 계약기간이 남아 있지만 팀을 떠나기도 하죠. 본인 의지와 관계없이 쫓겨나는 겁니다. 그런 걸 알면서도 '당연한' 일로 치부하면서 외면하진 않았나 하고 반성합니다. 잘못된 걸 하나씩 바로잡고 싶은 마음입니다.

Q. 선수협은 선수를 위해 존재하는
단체인 것이죠?

A. 제 생각은 좀 다릅니다. 물론 선수를 대변하는 단체는 맞습니다. 하지만 우리만 생각할 순 없어요. 선수가 구단에 잘못

한국축구의 미래를 꿈꾸다

하는 일도 많습니다. 우리가 먼저 프로선수의 자세를 갖추지 못하면 상대에게 무언가를 요구할 자격이 없다고 생각해요. 프로다운 모습을 보이고 나서 잘못된 게 있으면 말해야 하지 않을까요. 우리만큼 상대를 존중하는 게 중요합니다.

Q. 어떻게 하는 것이 상대를 존중하는 자세인가요?

A. 우리는 팬이 있어 프로축구 선수로 살아갈 수 있습니다. 그리고 구단이 있어 생계 걱정하지 않고 축구에만 매진할 수 있죠. 감사한 마음을 가져야 합니다. 우리가 구단이나 연맹 등의 입장을 들어봐야 하는 이유고요. 상대를 배려하지 않는데 소통이 되고 상황이 나아질 가능성은 없습니다. 한국축구는 함께 나아가지 않으면 발전할 수 없어요.

Q. 선수, 구단, 연맹 등이 함께 나아가야 한다는 의미인가요?

A. 축구는 단체 스포츠입니다. 한 명만 잘해선 이길 수 없죠. 승리의 기쁨과 패배의 아픔 모두 나눠 가지는 게 축구입니다. 선수들에게 항상 강조하는 게 있어요. '선수 이익만 생각하면 절대 안 된다'라고. 팬, 구단, 연맹 등이 없으면 우린 존재

할 수 없어요. 잊어선 안 됩니다.

Q. ——— **하지만, 선수의 권리를 위해서라면 구단이나 협회와 대립각을 세워야 할 때도 있지 않나요?**

A. ——— '우리의 권리를 위해 싸운다'라는 표현보다 '합의점을 찾기 위해 소통한다'라고 봐주셨으면 좋겠습니다. 실제로도 우리가 먼저 다가가 대화하면서 잘못된 걸 고쳐가기 위해 고민하고 있고요.

Q. ——— **팬들에 다가서는 일도 중요할 거 같습니다.**

A. ——— 교육하면 꼭 얘기하죠. '우리가 축구 선수의 꿈을 키워나갈 수 있는 건 팬이 있어서'라고. 팬들이 사인을 요청하면 '무조건 해야 한다'라고 얘기합니다. 프로선수의 기본이자 당연히 해야 할 의무거든요. 선수 생활을 하면서 겪었던 일인데, 경기에서 패한 날엔 구단이나 선배 눈치가 보여서 사인을 못 해주는 경우도 있습니다. 자신이 유명하지 않다는 이유로 '사인을 해줘도 되나' 고민하는 친구도 있어요. 그런 친구일수록 팬에게 먼저 다가가야죠. 그게 프로선수 아닌가요? 선수협은 선수의 권익 향상뿐 아니라 쌍방향 소통, 프로선수의

한국축구의 미래를 꿈꾸다

자세 등도 함께 고민하고 있습니다.

Q. ——— **인식 개선이 중요하다는 의미인 것 같습니다.**

A. ——— 지금까지 당연시되어왔던 잘못된 문화를 바꾸려면 나부터 변해야죠. 선수협이 구단, 연맹과 소통하면서 한국축구가 한 단계 도약하는 데 힘이 되길 바랍니다.

Q. ——— **회장까지 맡게 된 특별한 이유라도 있나요?**

A. ——— 선수협 회장으로 활동한다고 해서 제가 얻을 수 있는 혜택은 없죠. 하나도 없습니다(하하). 하지만, 제가 앞장서면 프로에 있는 후배 혹은 축구 선수를 꿈꾸는 유망주들이 혜택을 누릴 수 있을 거 같아요. 유명하지 않다는 이유로 불이익을 받는 선수가 사라져야 한국축구 발전을 위해서도 좋은 거잖아요. 건강한 리그가 돼야 더 훌륭한 선수가 나오죠.

Q. ——— **10년이 흘렀을 때 어떤
모습을 한 축구계를 그립니까.**

A. ——— 어린 친구들하고 얘기하면 가슴이 아플 때가 있어요. '어떤

팀에 가고 싶니'라고 물으면 'K리그'라고 답하는 친구가 없어요. J리그나 유럽 리그를 꿈꾸는 이가 수두룩합니다. 전 K리그에서 축구 선수의 꿈을 이뤘고, 한국축구대표팀 선수로 월드컵까지 뛰었어요. 누구보다 K리그에 대한 자부심이 있고 사랑합니다. 후배들이 'K리그 선수'란 꿈을 키울 수 있도록 건강한 리그를 만드는 데 앞장서고 싶습니다.

Q. ——— **마지막으로 선수협에 대해
남기고 싶은 말이 있다면.**

A. ——— 항상 응원해주시지 않아도 좋습니다. 선수협 역시 다양한 사람이 모이는 곳인 까닭에 때론 잘못된 길을 걸을 수 있고 실수도 많을 겁니다. 그럴 땐 질책해주세요. 잘한 일이 있을 땐 칭찬도 해주시고요. 우리만의 이익이 아닌 한국축구 발전을 위해 나아가는 단체가 될 수 있도록 힘쓰겠습니다. (염)기훈이 형, (박)주호 등도 함께 고민하고 있습니다. 선수협이 올바른 길로 나아갈 수 있도록 많은 관심 부탁드리겠습니다.

한국축구의 미래를 꿈꾸다

KOREA PRO-FOOTBALLER'S ASSOCIATION

CHAPTER 4.

예상치 못한 코로나 사태와
K리그의 고질적 병폐

코로나 사태와
연봉 삭감이라는 세계적 이슈

　　누구도 예상하지 못했던 감염병이었다. 2020년 초부터 전 세계로 퍼지며 팬데믹을 불러왔던 코로나19는 인간의 삶과 세계 경제에 큰 영향을 미쳤고, 스포츠 산업이라고 해서 예외가 될 수는 없었다.

　축구 경기도 다른 스포츠와 마찬가지로 경기 및 리그 개최 여부부터 무관중 경기까지 코로나 확산 상황에 예의주시하며 다양한 검토가 이루어졌다. 선수들은 각종 질병에 직접적인 영향을 받는 직업이기에 각별한 주의가 필요했다. K리그 개막은 연기됐고, 이탈리아 세리에A의 경우도 경기가 5월로 연기되었다. 많은 선수들이 코로나로 인한 두려움에 떨었고, FIFPRO는 코로나 예방 가이드라인을 만들어 각국 선수협에 선수들에게 전달해줄 것을 요청했다.

　나는 FIFPRO의 코로나 예방 가이드라인에 더해 우리나라만의 상황에 맞는 대응 방법을 선수 전체 공지 및 보도자료 배포 등을 통해 선수들에게 알렸다. 또 고국을 떠나 한국에서 운동을 하고 있는 용병 선수들에게도 코로나로부터 안전할 수 있도록 여러 주의사항을 전달했다.

　위기 상황일수록 축구 관계자들이 모두 하나가 되어 함께 극복해야 한다고 생각했다. 그래서 나는 다시 한번 연맹과 구단들에게 대화를 제안했다.

　상황이 더 심각해지기 전에 관계자들이 한자리에 모여 대책을 마련해야 했다. 나는 일단 코로나 사태로 벌어진 여러 안건을 정리했다. '시즌 일정 조율, 선수 급여 삭감 등 코로나로 인한 전반적인 문제'를 선수협/연맹/구단 대표자들이 논의하는 간담회 요청 공문을 발송했다.

K리그의 경우 연맹은 후원사 광고 및 라이센싱, 중계권 수입의 감소로 57억 원의 매출 감소를 예상했으며, K리그 1의 경우 광고와 입장권 수익이 줄며 총 464억 원의 감소가 예상된다고 발표했다. K리그 2는 54억 원의 수익 감소로 2020년 연맹과 K리그 1, 2부 구단들의 지출 감소는 총 575억 원에 달할 것으로 추산된다고 했다.

당시 전 세계 스포츠계는 연봉 삭감의 바람이 불고 있었다. NBA는 선수 연봉의 10% 삭감을 검토 중이었으며, 호날두는 50억 원 이상, 메시는 연봉의 70% 삭감까지 이야기가 나오고 있는 상황이었다. 구단의 연봉 삭감 움직임에 따라 해외 선수협 또한 바쁘게 움직이고 있었다.

벨기에 선수협은 코로나 사태 해결을 위해 빈센트 콤파니, 사이먼 미뇰레를 비롯한 15명의 선수들이 위원회를 구성했으며, 더 큰 목소리를 내기 위해 각 구단의 주장들이 모여 화상회의를 진행했다. 100명 이상의 선수들이 선수협에 새롭게 가입하며 선수들의 목소리를 대변하고 있었다.

FIFPRO의 요나스 베어호프만(Jonas Baer-Hoffmann) 사무총장은 "많은 선수들이 낮은 연봉을 받고 있기 때문에 어떤 형태의 소득 감소도 선수와 그 가족들에게 어려움을 주게 된다"라고 말하며 연봉 삭감 사태에 대해 우려했고, FIFPRO의 알렉산드라 고메즈 브린우드 변호사는 베네수엘라 구단들의 3년 연봉 삭감 시도를 인용하여 "일부에서는 이 상황을 자신의 이익을 위해 악용하려 든다"라고 하면서 "가장 좋은 해결책은 단체 교섭"이라고 제시했다.

FIFPRO와 FIFA의 입장은 기본적으로 선수의 지위 및 이적에 관한 규정인 RSTP를 지키는 것이 원칙이었다. 불가피하게 임금 삭감을 해야 한다면 각국 연맹, 구단, 선수 간의 단체 교섭을 권고했으며, 이 경우에도 리그 중단으로 인한 구단의 손해액이 어느 수준인지 고려해야 한다고 했다.

하지만 FIFA의 권고안이 우리나라 축구계에 통할지는 의문이었다. 보이지 않는 구단 관계자들의 움직임으로 이미 언론을 통해 여론 형성은 시작되고 있었다. 또 선수 개개인의 의견을 모으는 상황이었지만, 선수협이 노동조합이 아니기에 단체 교섭권을 갖지 못하는 상황에서 어떻게 움직여야 할지 고민이 많았다.

구단에서 제시하는 임금 삭감 정도나 기간에 대해서 어떻게 대응을 해야 할지, 만약 선수협에서 삭감에 동의할 경우 선수들의 반응은 어떨지, 돈을 위해서만 싸우는 단체로 비쳐지지나 않을지에 대한 걱정이 들었다.

모두가 힘든 상황이었기에 그럴수록 당사자들 간의 대화는 반드시 필요했다. 마음을 터놓고 깊이 있는 논의를 하면 현실적인 대안이 마련될 것이라 믿었고, 2020년 4월 선수협이 연맹 등 축구 관계자들에게 제안한 대화가 성사되었다.

대화의 장, 그러나 좁혀지지 않는 견해의 차이

축구 선진국이라 알려져 있는 유럽을 포함하여 일본, 호주 등 각 국가들은 선수도 축구계의 중요한 구성원으로 인정받아 리그 일정 관련 사항, 제도의 신설 혹은 변경, 각종 위원회에 선수협이 참여하는 제도가 마련되어 있다. 하지만 우리나라는 지금껏 연맹과 구단이 리그 운영 및 제도에 관한 사안을 정하고 선수들은 그 결정을 따라야만 하는 상황이었다.

그간 수차례 연맹과 대화의 장을 마련하기 위해 노력했으나 지지부진했다. 하지만 이번에는 달랐다. 모두가 코로나 사태로 어려워진 상황에서 선뜻 제안하기 힘든 안건 중 하나인 '연봉 삭감'에 대한 논의도 포함되어 있었기 때문이었다.

나는 예기치 못한 코로나 사태로 모두가 힘들어하는 지금이 오히려 '함께 의견을 교환하며 목소리를 낼 수 있는 계기가 될 수도 있겠다'라고 생각했다. 연봉 삭감 이슈를 포함해 리그 재개 일정 및 전반적인 사안을 허심탄회하게 다룰 수 있을 거라는 기대감도 있었다.

하지만 막상 테이블에 앉아 보니 연맹 측과 언론이 관심 가지고 있는 것은 오직 선수들의 '연봉 삭감'뿐이었다. 나는 우선 논의의 전제조건으로 FIFA와 FIFPRO의 가이드라인을 따라줄 것을 요청했다. FIFA와 FIFPRO는 연봉 삭감 논의에 대한 전제조건으로 코로나로 인한 구단과 연맹의 정확한 손실액을 근거로 논의할 것을 전제했다.

선수협도 긴급이사회를 개최하여 사태를 파악하는 것이 중요하며 정확한 자료를 바탕으로 논의할 것을 확실히 했다. 실태 파악을 위해 우선 각 구단의 정확한 손실액에 대한 자료를 요청하고 만약 연봉 삭감 협의가 진행된다면 (i) 저연봉자 보호 조치 마련, (ii) 합리적인 삭감비율 도출, (iii) 선수 동의 없는 삭감에 대한 강력한 반대 등의 기본 조건이 충족되어야 했다.

김훈기 프로축구선수협회 사무총장

저희 선수협은 연맹 및 구단들이 제시한 구체적인 (재정적) 근거 자료들을
토대로 (K리그의 위기) 상황을 파악한 뒤 내부적인 논의를 가질 예정입니다.

▲ 연봉 삭감 이슈와 관련하여 인터뷰하는 모습

한국축구의 미래를 꿈꾸다

이러한 전제조건을 바탕으로 연맹과의 논의가 시작되었다.

연맹과의 대화는 초반에 활기를 띠었다. 연맹은 선수협이 제시한 저연봉자 보호 및 선수 동의 없는 삭감에 반대한다는 전제에 찬성을 하며 대화를 이어나갔다. 하지만 이견은 구단의 손실 관련 자료에서부터 시작되었다. 연맹은 손실 자료를 제출한 구단들을 취합하여 자료를 전달하며 구체적인 구단별 자료는 공개할 수 없다는 입장이었다. 또 선수협과 연맹은 가이드라인 수준의 합의를 이끌어내고 구체적인 자료는 구단과 선수가 개별 합의 시 공개할 것이라 했다.

나는 이 부분이 심히 우려되었다. 그동안 선수협의 일을 하며 구단과 선수가 대등한 관계에서 협상을 진행하지 못한 사례를 너무나도 많이 경험했기 때문이다. 구단이 어린 선수를 단독으로 불러놓고 관계자들이 선수에게 계약서 서명을 하라고 할 경우, 선수들은 대부분 반강제적으로 서명을 할 수밖에 없는 분위기다. 그렇기에 선수협이 선수들을 대표해서 구단별 손실액 자료를 확인하고 합의하지 않으면 아무런 의미가 없는 상황이었다.

그리고 선수협 입장에서는 구단별 정확한 자료가 아닌 총합계 자료만을 보고 판단하여 연봉 삭감 합의를 한다면 선수들을 설득시킬 명분이 없었다.

또 앞서 언급했듯이 한국축구계는 매년 연봉협상을 한다는 점도 마음에 걸렸다. 지금 당장 코로나 사태를 이유로 연봉 삭감에 동의한다고 하더라도 연말에 또다시 삭감하지 않으리란 보장이 없었다. 연맹 측에 "연말 재계약 시즌 때 구단들이 선수들의 연봉을 삭감하는 부분을 막아줄 수 있나"라고 물으니 답을 하지 못했다.

지금 삭감한다고 하더라도 코로나 사태가 진정되면 원래 연봉 수준으로 되돌릴 것이라는 확답도 듣지 못했다. 선수들의 대표로 해당 협상 자리에 임한 나로서는 너무 무거운 자리였고 함부로 판단할 수 없었다. 이에 나는 FIFA와 FIFPRO에서 보내온 재정 서식을 송부하며 다시 한번 구단의 자료를 요청했다. 구단별 자료 근거가 있어야 선수들을 설득할 명분도 생길 수 있을 것이라 판단했기 때문이다.

FIFPRO에서 받은 재정 서식은 영문으로 되어 있었다. 하지만 선수협이 임의로 해석을 하여 보낼 경우, 그 의도가 달라질 수 있다고 판단해서 영문 원본을 그대로 보내며 가능한 선에서 자료를 제출해주길 바랐다. FIFPRO에서도 선수협이 구단과 연봉 삭감 관련 협의를 진행할 때 기준으로 사용하면 좋겠다고 보내온 서식이었다.

하지만 연맹에서는 FIFPRO의 서식이 국내 현실과 맞지 않는다는 이유로 수용하지 않았다. 선수협 입장에서는 FIFA와 FIFPRO가 각국 선수협에 배포한 글로벌 스탠다드에 따른 매뉴얼 및 문답서에 따른 협의가 이루어지지 않는다면, 우리가 연맹과 합의점에 이른다고 해도 이에 대한 결과를 선수들이 받아들이긴 어려울 것이라 생각했다. 그래서 더 이상 연맹과 연봉 삭감 논의를 진행하는 것은 무리라는 판단에 이르게 된다.

연맹과의 연봉 삭감에 관한 협상이 지지부진할 때 연맹의 한 관계자는 선수협에 딜을 제시해온 적도 있었다. 선수협이 연봉 삭감에 합의해줄 경우 앞으로 연맹은 선수협을 대화의 상대로 인정하고(이 부분은 공식문서에서도 언급했음) 다른 사안도 유연하게 갈 수 있을 것이라 했다. 예를 들어 NDRC 문제도 원만히 해결할 수 있을 것이고, 초상권 관련 문제도 딜을 볼 수 있다는 내용이었다.

하지만 나는 우리의 배를 채우기 위해서 이해되지 않는 사항에 합의할 수 없었다. 물론 합의를 통해 쉽게 갈 수도 있었다. 당시 선수협은 연맹이 인정하지 않는 상황이었으며 다른 프로젝트들 또한 서로 불편한 관계로 인해 지지부진하던 상황이었다. 사실 초상권 배분에 있어서도 많은 유혹들이 있었다. 그런데 선수협은 옳지 않은 길에 발을 들여놓을 수는 없었다. 처음 선수협을 시작할 때부터 다른 사람들을 보호하는 단체로서 누구보다 떳떳해야 했고 그들을 지켜주려면 투명해야 했다.

우리는 연맹의 그릇된 제안을 단호히 거절했고, 결국 협상 테이블은 닫히게 되었다. FIFA 및 FIFPRO는 선수들의 연봉 삭감을 최후의 수단으로 고려해야 한다고 조언했으며 건설적인 K리그 환경을 만들기 위해서는 모두가 납득할 수 있는 구체적 자료가 필요했다. 본질은 이야기조차 꺼내지 않으면서 적당히 '보여주기', '상생' 등 겉보기만 좋은 단어로 포장되어 선수들의 연봉 삭감의 근거로 활용되는 것은 안 될 일이었다. 연봉 삭감은 정확한 데이터를 기반으로 냉정히 바라보고 상호 존중 하에 협상을 하는 것이 진정한 상생이라고 생각했다. 이 부분에 있어서 선수협과 연맹의 입장 차이가 좁혀지지 않아 협상은 결렬되고 말았다.

이후 연맹은 2020년 8월 19일 제5차 K리그 이사회에서 '선수-구단 상생을 위한 코로나19 고통 분담 권고안'을 만장일치로 의결했다. 의결안의 주요 내용은 기본급 3,600만 원 이상의 선수 중 3,600만 원을 초과하는 부분에 대해서 잔여 4개월분의 임금 10%를 삭감하는 것이었다.

우리는 즉시 입장문을 준비해 발표했다. 연맹은 자신들이 발표한 것은 어디까지나 권고안일 뿐이라고 했지만, 내가 경험한 축구계의 권고안은 절대로 '권고'에서 끝나지 않았다.

연맹의 권고안이 선수들에게는 단순히 '권고 사항'에 그치지 않을 것이라는 점을 보다 명확히 하기 위해 입장문에 예를 담았다. 어떤 기업이 직원에게 사직을 '권고'하고, 사직을 '권고'받은 직원이 마지못해 사표를 제출하는 이른바 '권고사직'은 법률상 '해고'에 해당했다. 이는 대법원 판례로 자칫하면 연맹의 권고안이 권고에 그치지 않고 그것을 강제할 수 있는 상황이었다.

약 40년의 세월 동안 지속되어온 K리그에서 '강제 해고' 사례는 거의 없었다. 그 이유는 수많은 계약 해지와 방출이 구단의 '권유' 혹은 '권고'로 포장되었기 때문이다. 이러한 구단의 '권유'에 의한 계약 해지 또한 선수의 인격권을 침해하는 것으로 부당해고에 해당한다는 판례가 최근 대법원에서도 확정되었다.

그리고 설령 법률적으로 접근하지 않더라도, 구단 관계자가 1:1로 선수를 불러서 삭감된 연봉계약서를 제시하며 서명하라고 하는데 버틸 선수가 몇이나 되겠는가? 선수들이 연봉이 삭감된 계약서에 서명을 한다면 '구단과 선수의 상생을 위한 아름다운 동행' 등으로 포장될 것이 분명했다.

나는 선수협의 의지를 피력하기 위해 입장문의 마지막에 다음과 같은 말을 넣었다.

> "선수협은 선수들을 위해 모든 역량을 총동원해 선수들의 '동의 없는' 임금 삭감을 저지할 것입니다. 만일, 선수들이 부당한 상황을 겪는다면 선수협은 긴급대응 지원체계를 구축하여 총력 지원하도록 하겠습니다."

이후 나는 선수협 사무국에 비상 상황임을 알리고 긴급대응체계를 구축했다. 우선 각 팀의 선수들을 통해 구단별 상황을 실시간으로 업데이트하며 부당 사례가 있는지 모니터링했다. 또 매뉴얼을 마련하여 선수가 부당대우를 받을 시 바로 FIFPRO 등 관계 기관과 대응할 수 있도록 체계를 마련했다.

다음 표는 당시 구단의 상황을 정리한 내용이다.

〈임금 삭감 이슈 구단별 상황〉

NO	리그	구단명 (비공개)	비고
1	K리그 1	A	– 선수단, 임금 삭감 거부 의사 구단에 전달 – 구단이 선수 1명씩 미팅 중
2		B	– 선수단, 임금 삭감 거부 의사 구단에 전달
3		C	– 주장이 선수단의 임금 삭감 의사 전달
4		D	– 회식 때 감독이 선수들에게 동참해주면 어떻겠느냐 물어봄 – 선수단 거부 의사 전달 및 임금 삭감 안 하기로 최종 결정
5		E	– 선수단, 구단에 임금 삭감 거부 의사 전달 – 구단도 강요하지 않는 상태
6		F	– 아직 구단으로부터 언급이 없는 상황
7		G	– 선수단 자체 미팅을 통해 임금 삭감에 대한 거부 의견 확인 – 구단에 해당 의사 전달하지 않은 상황이며 구단에서도 아직 삭감 얘기한 적 없음

NO	리그	구단명 (비공개)	비고
8	K리그 1	H	– 선수들이 임금 삭감 거부하고 있는 상황이며 구단에서 별도로 얘기 나온 것 없음
9		I	– 구단에서 선수들의 의견을 타진했으나, 선수단이 거부한 후 진전 없음
10		J	– 선수단, 임금 삭감 거부 의사 구단에 전달
11		K	– 진전 사항 없음
12		L	
13	K리그 2	M	– 권고안의 삭감 대상자, 4개월간 ×% 삭감 제안 – 선수단 거절 의사 전달
14		N	– 주장에게 선수단 임금 삭감 제시 – 선수단이 거부하자 일정 금액 선수단에게 모아오라고 지시
15		O	– 수당의 ×% 반납 지시 – 선수단 거부 → 수당의 일정 금액 반납하여 다음 월급에서 차감 지급 – 해당 금액 기부했으며 이후 임금 삭감 진행은 없었음
16		P	– 진전 사항 없음
17		Q	– 선수단이 거부 의사 구단에 전달했으며 구단도 강요하지 않고 있음
18		R	– 선수단, 임금 삭감 거부 의사 구단에 전달
19		S	– 코로나 사태 초기 기부 진행했으며 현재는 임금 삭감 관련 구단에서 나오는 얘기 없음

한국축구의 미래를 꿈꾸다

NO	리그	구단명 (비공개)	비고
20		T	– 구단에서 선수단에 연봉 삭감 없을 것이라고 전달
21	K리그 2	U	– 진전 사항 없음
22		V	– 진전 사항 없음

선수협의 입장문 발표 이후 걱정했던 것과 달리 구단의 강제적인 임금 삭감은 발생하지 않았다. 하지만 임금 삭감 이슈는 다른 방향으로 흐르게 되었다.

선수들의 목소리가 반영되지 못한 K리그의 제도 변경

2020년 12월 15일 연맹은 제8차 이사회를 개최하며 다음의 안건들을 통과시켰다.

1) 2023년부터 비율형 샐러리캡 도입
2) 2023년부터 로스터 제도 도입
3) 2021년부터 2022년까지 승리 수당 상한선을 다음과 같이 제한

K리그 1: 100만 원

K리그 2: 50만 원

　이해를 돕기 위해 용어들을 간단히 설명하자면 비율형 샐러리캡이란 선수단 인건비 지출액이 차지하는 비중이 일정 비율을 초과하지 않도록 지출 가능한 연봉 총액의 상한선을 지정한다는 것이다. 이는 각 구단의 총수입과 연동되며, 구단의 총수입 규모에 따라 구단별 연봉 상한액이 다르게 책정된다. 로스터 제도는 2023년 32명, 2024년 30명, 2025년 28명으로 등록 선수를 줄이는 계획으로 승리수당 삭감과 함께 선수들의 생계에 직접적인 영향을 줄 수 있는 제도였다.

　연맹에서 통과시킨 안건들은 K리그 발전을 위한 구단 경영 효율화 방안으로서 논의되었다. 구단과 함께 리그를 발전하기 위한 좋은 취지의 논의 안건이다. 하지만 문제는 해당 안건들을 통해서 직접적인 영향을 받게 될 선수들의 의견은 전혀 반영되지 않았다는 데에 있었다.

　선수들은 해당 사실을 기사를 통해서 접했다고 한다. 제도 변경에 직접적인 영향을 받는 선수들이 아직까지도 사전에 아무런 공지나 안내도 없이 일반인과 마찬가지로 기사를 통해 접하는 현실이 매우 안타까웠다.

　물론 코로나19 사태로 구단이 재정적으로 힘들어진 상황과 이로 인한 전체적인 지출 비용 감소에 대한 시도는 이해된다. 하지만 논의하는 과정에서 선수들을 아예 배제한 것은 너무나도 불합리했다. 적어도 직접적인 영향을 받는 선수들과는 논의가 있었어야 했다. 아직까지도 연맹과 구단이 정하면 선수들은 당연히 따라야 하는 존재로 인식되어지는 것 같아 너무나도 씁쓸했다.

　　　　　　　　　　　　　　　한국축구의 미래를 꿈꾸다

K리그가 진정으로 발전하기 위해서는 선수들의 목소리가 반영되는 것이 반드시 필요했다. 일방의 입장에서 이해와 인내를 강요하는 존중이 없는 관계를 벗어나야만 했다. 선수들은 본분에 충실하여 프로선수로서 그라운드에서 최선을 다하고, 구단은 이러한 선수들을 존중하며 선수들의 권리를 인정하고 대화 상대로서 함께 논의하는 축구계가 되길 진심으로 희망했다.

해외 선진 리그의 경우에는 리그 운영 및 축구계의 중요한 사안을 논의할 때 선수들도 함께 참여하여 서로 의견을 충분히 나누고 결정한다. 나는 이러한 상황을 FIFPRO와 공조하여 대응해야 한다고 판단했고, 즉시 FIFPRO에 VC(Video Conference)를 요청했다. FIFPRO의 사무총장 및 부사무총장, FIFPRO ASIA/OCEANIA 사무총장, FIFPRO 법률팀 담당자들과 함께 회의를 진행했다. FIFPRO 또한 중요한 안건들이 결정됨에 있어서 선수들의 의견이 전혀 들어가지 않는다는 사실에 매우 놀라며, 이는 FIFA 및 국제단체들의 기본 고용 기준을 위반한다며 즉시 입장문을 발표했다.

다음은 FIFPRO의 입장문 전문이다.

MEDIA RELEASE

FIFPRO

FOR IMMEDIATE RELEASE

FIFPRO CALLS FOR REVERSAL OF UNILATERAL K-LEAGUE IMPOSITIONS ON PLAYER CONTRACTS

Hoofddorp, The Netherlands – 14 January 2021 – FIFPRO is deeply concerned about unilateral decisions by the K-League to impose changes to the pay and conditions of professional footballers.

These resolutions were imposed without any negotiations, contravening basic employment standards of FIFA and multiple other global organizations. The resolutions must be reversed immediately.

FIFPRO respectfully requests that the K-League opens negotiations with professional footballers through their association, the Korean Pro-Footballers Association (KPFA), to address the economic impact of the pandemic in a fair manner.

The KPFA is recognized by FIFPRO and FIFA as the representative of players in South Korea.

FIFPRO General Secretary Jonas Baer-Hoffmann said: "We are extremely concerned by the failure to seek agreement with professional footballers about changes to their pay and conditions in South Korea. Since the start of the pandemic, global and continental football stakeholders have underlined the importance of collective negotiations.

"The K-League has a responsibility as a stakeholder to negotiate with the KPFA - which is recognized by FIFPRO and FIFA as the representative of players in South Korea. Ignoring this responsibility contravenes global standards not only in football but in those set out by the United Nations and International Labour Organization.

"We respectfully request the K-League overturns these unilateral resolutions immediately and opens talks with the KPFA in order to address the impact of the pandemic in an appropriate and fair manner."

Ends.

FIFPRO 입장문 번역

　2021년 1월14일 FIFPRO(국제선수협회)는 한국프로축구연맹(이하 '연맹')에서 일방적으로 결정한 프로축구 선수 급여 및 여건 변경 도입에 대해 깊이 우려하고 있다.

　선수들과 대화 없이 도입된 안건들은 FIFA 및 다수 국제단체의 기본 고용 기준을 위반한다. 해당 안건들은 즉시 번복되어야 한다.

　FIFPRO는 연맹이 코로나19로 인한 리그와 구단이 입은 경제적 타격으로 인한 급여 및 여건 변화에 대한 내용을 한국프로축구선수협회(이하 '선수협')을 통해 선수들과 공정하게 협상을 할 것을 정중히 요청한다.

　선수협은 FIFPRO 그리고 FIFA로부터 공인된 한국프로축구 선수들을 대변하는 단체이다.

　FIFPRO 사무총장 요나스 베어 호프만은 "대한민국에서 프로축구 선수들의 급여 및 여건 변화에 대한 동의를 선수들에게 구하지 못한 것에 대해 매우 우려하고 있다. 코로나19가 발생한 이후 세계 축구 관계자들은 당사자들 간의 협상의 중요성을 강조했다"고 설명했다.

또한, 그는 "연맹은 이해관계자로서, FIFPRO 그리고 FIFA로부터 한국프로축구 선수들을 대변하는 단체로 공인된 선수협과 협상할 의무가 있다. 이 의무를 이행하지 않는 것은 축구계에서뿐만 아니라 국제연합 그리고 국제노동기구의 세계 표준을 위반하는 것이다"라며 "우리는 연맹이 일방적으로 통과시킨 안건을 즉시 번복하고 코로나19의 영향에 대해 타당하고 공정하게 선수협과 대화를 할 것을 정중히 요청한다"라고 밝혔다.

이러한 국제단체의 입장문과 당연히 지켜져야 할 사실을 모두가 알고 있음에도 변한 것은 아무것도 없었다. 중요한 사안에 대해서 결정할 때, 축구계뿐만 아니라 어떤 단체에서건 이해 당사자들 간의 충분한 논의를 거친 후 결정하는 것은 당연한 절차다. 하지만 축구계는 아직도 선수들과 대화 없는 일방적인 태도로 일관하고 있다. 이에 나는 다시 한번 대화를 제안했으나 아직까지 회신을 받지 못하고 있다.

여러모로 안타까운 현실이다. 나는 이렇게 지속적으로 대화의 중요성을 강조하며 함께 논의할 것을 수없이 요청했지만, 회신을 받지 못했으

한국축구의 미래를 꿈꾸다

며 진전되는 상황은 없었다. 하지만 이러한 현실에 좌절하거나 그만두면 바뀔 것은 하나도 없으며 하나의 지나가는 이슈에 불과하게 될 것이었다. 구조적인 문제에 있어서 근본적인 개선은 반드시 이뤄져야 했으며 나는 상황을 탓하며 상황에 휘둘리고 싶지 않았다. 선수들의 권리를 위해서 어떤 것이라도 해야만 했다.

공정한 표준계약서를 위한 분주한 움직임

마침 2020년 11월부터 문화체육관광부(이하 '문체부') 주관으로 표준계약서 개정 작업을 진행하고 있었는데 선수협도 의견을 보내어 참여했다.

사실 문체부 주관의 표준계약서 개정 작업도 매우 힘들게 참여하게 되었다. 당시 문체부가 선수협 이사들이 속한 구단에 표준계약서 개정 작업을 위한 회의에 참여할 수 있는지 타진하는 공문을 보냈고, 사무국은 이사진의 연락을 통해 해당 사실을 인지하게 되었다. 나는 문체부 담당자에게 바로 연락하여 선수협의 회의 참여 가능 여부를 확인했다.

당시 표준계약서는 구단에게 일방적으로 유리한 조항들이 아주 많고 이를 악용하여 선수들이 피해를 입는 사례가 너무나도 많았다. 이를 개정하기 위해 나는 공정거래위원회에 불공정약관심사도 청구한 상태였으며, 연맹과도 표준계약서 문제 해결을 위해 수차례 대화를 요청했지만 답변은 없었다. 그런 상황에서 정부 주관으로 표준계약서 수정 작업에 참여하게 된 것은 그동안 너무나도 간절히 바랐던 일이었다.

문체부 담당자는 선수협 관계자 또한 회의에 참석할 수 있으며 회의 자료를 연맹을 통해서 전달해주겠다고 했다. 다만 선수가 꼭 함께 와줬으면 한다고 했고, 연맹 담당자에게 연락하여 선수협 측의 참석자를 전달해주고 자료를 요청하면 된다고 했다.

그런데 막상 회의가 다가오자 문체부는 선수협 관계자가 아닌 선수만 참여해줄 것을 요청했다. 연맹 측 관계자가 '문체부가 일을 제대로 진행하려면 선수협과 대화하면 힘들 것이다, 선수만 오게 하는 게 좋을 것이다'라고 한 것이다.

당시 선수협의 임원진은 ACL(AFC Champions League: 아시아 축구연맹이 주관하는 챔피언스리그) 등 일정으로 회의에 직접 참여가 가능한 사람은 단 1명뿐이었으며, 연맹 측은 담당자들이 참석을 하겠다고 했다. 이런 상황에서 내가 참석을 하지 못한다면 현역 선수로 참여한 단 1명의 선수는 너무나도 큰 짐을 지게 되는 것이었다. 또한 그동안의 경험을 미루어 봤을 때 선수가 관계자들 앞에서 자유롭게 선수협의 의견을 전달할 경우, 그가 받게 될 불이익도 생각을 할 수밖에 없었다. 물론 선수가 의견을 냈다고 해서 불이익을 주지는 않았을 것이라 믿지만, 만약의 경우를 생각해서라도 선수를 혼자만 보낼 수는 없었다.

야구선수협은 선수뿐만 아니라 사무국 관계자도 회의에 참석하여 논의를 했었는데 왜 축구선수협 사무국 관계자는 참석을 못 하는지에 대해 문체부에 물었고, 돌아온 대답은 충격적이었다. 연맹과의 관계가 매끄럽지 못한 선수협 관계자가 참여할 경우 회의가 논쟁의 장이 될 듯하며 이를 피하고자 선수협 관계자를 배제시킨 것이라는 말이었다. 만약 선수들의 목소리를 정말 듣고 싶고, 논쟁의 자리를 피하고 싶었다면 연맹 관계자도 배제시키고 선수들과 대화하면 됐을 텐데 하는 의문이 남았다.

이미 선수협 관계자의 회의 참석 불가는 결정이 된 상황이었고 문체부의 담당자는 추후 서면을 통해 선수협의 의견을 전달받겠다는 약속을 했다. 이후 나는 문체부 담당자로부터 수정된 표준계약서를 전달받았고 이에 대한 의견을 제출해달라는 연락을 받았다. 제출 기한은 단 이틀이었다. 선수협의 의견을 모두 담기에는 턱없이 부족한 시간이었다. 하지만 그동안 준비했던 자료들을 토대로 거의 날을 새다시피 준비하여 2020년 12월 17일, 문체부의 표준계약서 초안에 관한 1차 의견서를 전달했다.

나는 1차 의견서에서 축구계의 특수성을 언급하며 선수와 구단 간에 체결되는 선수계약의 가장 근본적인 것이 근로계약임을 분명히 했다. 그리고 표준계약서가 근로자인 선수를 보호할 수 있는 기본적인 안전장치로 반드시 작동되어야 한다고 강조했다.

특히 의견서를 통해 선수협의 입장을 전달하면서 선수들이 가장 크게 피해를 보고 있는 내용의 개선을 요구하는 3개 조항을 전달하며 추후 자세한 사항과 개정안에 대해 다시 한번 논의하고 싶다는 의견을 피력했다.

〈초상권 관련 조항〉

문체부가 보낸 표준계약서에는 선수들의 초상권에 대한 독점적 권리를 여전히 연맹과 구단에 부여하도록 되어 있었다. 또 선수가 구단의 동의 없이는 영리 또는 비영리 활동을 할 수 없었다. 나는 구단이 선수의 초상을 이용한 상품을 제작 및 판매할 경우 그에 관한 수익을 배분하도록 하는 내용을 추가해줄 것을 요청했다.

〈선수 이적 관련 조항〉

선수 이적 관련 조항도 선수들의 동의 없이 일방적으로 구단의 결정만으로 선수의 이적을 가능하게끔 규정되어 있었다. 이는 선수의 헌법상 권리인 직장 선택 및 직장 변경의 자유, 인간의 존엄과 가치 및 행복추구권을 침해할 수 있는 부당한 규정이므로 선수의 이적에 있어서 선수 본인의 동의를 요건으로 해야 한다고 전달했다.

〈불가항력적 사유가 발생할 경우 구단이 선수의 기본급을 감액할 수 있도록 한 조항〉

경기 수와 일정을 모두 연맹이 결정하고 선수들은 그에 따르게 되어 있음에도 불구하고 경기 수 감소에 대한 일방적인 피해를 선수에게 감당하라고 하는 것은 너무나 부당했다. 적어도 선수와 논의하여 협의할 수 있도록 하는 장치가 필요했다.

1차 검토 의견서를 제출한 후 문체부는 선수협의 정확한 입장을 다시 듣기로 했다. 이후 문체부에 송부한 2차 검토 의견서는 표준계약서에 대

한국축구의 미래를 꿈꾸다

해 전체적으로 보다 꼼꼼히 선수협의 의견을 정리하여 전달했다.

나는 표준계약서가 선수들의 권리를 보호할 수 있는 수단으로 작동되어야 한다고 생각했기에 선수들에게 일방적인 계약서가 아닌 선수들의 동의 혹은 의견을 낼 수 있는 계약서를 만들고자 했다.

특히 앞에서 언급했던 (i) 매년 연봉협상을 통한 임금 삭감, (ii) 초상권 관련 조항, (iii) 선수의 동의 없이 이적/임대를 결정할 수 있던 조항, (iv) 불가항력적 사유가 발생할 경우 선수들의 임금을 일방적으로 삭감할 수 있던 조항에 대해 개선안을 작성하여 전달했다. 그간 연맹 혹은 구단의 주도로 표준계약서 개정 작업을 했지만, 이번에는 정부 주도로 이루어진 개정이었기에 충분히 논리적으로 받아들여질 여지가 있다고 생각했다.

하지만 2021년 4월 23일, 나의 생각과는 전혀 다른 방향으로 일이 흘러갔다. 선수협에서 주장한 선수들의 권익을 침해하는 주요 4개 조항에 대한 개정이 전혀 이뤄지지 않았다. 더군다나 표준계약서 고시(안)는 문체부에서 준비한 최적의 안이라며, 최종안에서 반드시 수정되어야 할 '오류' 정도의 수준이 아니라면 이대로 발표될 최종안이라는 것이었다.

만약 이대로 표준계약서가 확정이 된다면 선수협 또한 개정 작업에 '참여'했던 부분이 자칫 잘못하면 선수협도 '동의'한 표준계약서 개정본으로 비쳐질 수도 있었다. 그리고 이보다 더 심각한 문제는 선수들은 여전히 구단에게만 유리한 표준계약서로 피해가 계속 발생할 것이라는 점이었다.

나는 문체부에 더 이상 의견을 전달해봤자 바뀔 것이 없음을 느꼈다. 그래서 우리가 가지고 있는 모든 수단을 동원하여 표준계약서 최종안이 이대로 통과되는 것을 막고자 했다. 설령 통과된다고 하더라도 선수협에서는 이 개정안에 대해 반대했음을 알려야 했다.

우선 이 사안을 곧바로 FIFPRO 측에 보고했고 선수들의 권익을 침해하는 해당 조항들을 수정하기 위해 몇 차례의 VC를 통해 대응 방안을 논의했다. 그리고 문체부가 최종안을 고시하기 전에 나는 선수협 긴급성명서를 준비하고 발표했다. 이대로 통과되면 또다시 선수들에 대한 피해가 반복될 것이기에 선수협의 입장을 정확히 표명할 필요가 있었다. 다음은 2021년 5월 4일 발표한 한국프로축구선수협회 긴급성명서 전문이다.

한국프로축구선수협회 긴급성명서

한국프로축구선수협회(KPFA, 이하 '축구선수협')는, 문화체육관광부(이하 '문체부')와 프로축구연맹이 준비한 "프로축구 선수표준계약서(안)"을 수용할 수 없다.

지난해 10월경부터 문체부는 선수의 인권을 보호하고 공정한 프로스포츠 환경을 조성한다는 명분 아래 야구, 축구, 농구, 배구 등 4대 프로스포츠의 선수표준계약서를 준비하여 왔으며, 최근 그 안을 확정하여 축구선수협에 송부하였다.

그 과정에서, 문체부는 축구선수협에 선수표준계약서 초안을 발송하고, 그에 대한 의견을 구하는 모습을 보이기도 하였으나, 선수들의 인권까지 침해하는 중대한 독소조항이자 축구선수협이 강력하게 수정을 요구한 핵심적인 규정들에 있어 축구선수협의 의견이 실질적으로 거의 반영되지 않았음을 확인하기까지는 수분(數分)이 채 걸리지 않았다.

축구선수협에 선수표준계약서에 대한 의견을 구했던 문체부의 행위가 "명분 쌓기", "구색 맞추기"에 불과하여, 한국프로축구연맹이 그동안 축구선수협에게 보여 왔던 모습들을 그대로 답습하고 있는 것이 아닌가 하는 깊은 우려와 걱정을 가질 수밖에 없는 합리적인 이유인 것이다.

그런데 이보다도 더욱 우려스러운 것은 문체부가 "새로이" 작성하였다는 선수표준계약서의 내용이다.

위 선수표준계약서는, 기존에 프로축구연맹이 일방적으로 작성하여 사용해온 표준계약서에서 문제가 되어 온 조항들을 고스란히 옮겨 왔을 뿐 아니라, 오히려 선수들의 기본적 인권과 권리를 후퇴시키고 있다.

예컨대, 종전 표준계약서와 마찬가지로 ① 선수의 초상권 등 퍼블리시티권을 입단과 동시에 구단에게 자동으로 귀속시키고, ② 다년 계약을 원칙으로 하되 연봉은 매년 협상을 통해 정하도록 함으로써 선수와 구단의 관계를 실질적인 노예 계약으로 만들고 있으며, ③ 선수의 동의 없이도 얼마든지 트레이드가 가능하도록 하고 있다. 결정적으로, 이번 새로 작성된 선수표준계약서에는 ④ 천재지변과 같은 불가항력적 사유로 K리그 연간 경기 수가 줄어드는 경우, 선수의 연봉을 일방적으로 감액할 수 있도록 하는 조항이 새로 추가되었다.

K리그 연간 경기 수를 정하고 K리그를 운영하는 주체는 프로축구연맹이다. 그럼에도 불구하고, 도대체 왜 불가항력으로 인한 경기 수 감소의 리스크를 선수가 일방적으로 부담하여야 한다는 말인가? 어떤 과정에서 이와 같은 반(反)인권적인 조항이 작출된 것인가?

우리 축구선수협은, FIFA 룰에 정면으로 위반되는 내용으로서, 선수들의 기본적 인권을 심각하게 침해하는 규정을 담은 표준계약서(안)를 수용할 의사가 없음을 명백히 하며, 아울러 이 안건을 FIFA 및 FIFPRO에 긴급히 상정하여 다룰 것임을 알리는 바이다.

이처럼 문체부 주도의 개정안은 각국의 축구 규정이 FIFA의 룰을 따라야 한다는 축구계의 대원칙을 무시한 채 진행됐으며, 당연히 개정되었어야 할 부당 조항들의 개선을 요구했지만 수용되지 않았다. 그렇다고 마냥 포기하고 가만히 있을 일은 아니었다.

　선수협의 긴급성명문 발표에 이어, FIFPRO는 한국의 표준계약서 고시(안)에 대한 입장문을 발표했다. 다음은 표준계약서 고시(안)에 대한 FIFPRO의 입장문이다.

▼ 표준계약서 고시(안)에 대한 국제축구선수협회의 입장문

BY EMAIL
KPFA
Mr Hoonki Kim
Secretary General

DATE
05 May 2021

CONTACT
Jonas Baer-Hoffmann
J.Baer-Hoffmann@fifpro.org

SUBJECT
New Standard Players' Contract in Korea

Dear Hoonki,

We thank you for your communication on the new standard players' contract.

First, we are extremely disappointed to learn that the Korea Football Association (KFA) and the K League have not actively engaged in negotiations with the KPFA to agree upon a new standard players' contract. We can come to no other conclusion that that the KFA and the K League failed to comply with the commitments made during the NDRC Project of FIFA, which took place in Malaysia in November 2018. The new contract is implemented without the consent of the KPFA and such unilateral decisions cannot be condoned.

Secondly, we are in particular deeply concerned about various provisions of the new standard players' contract which are both against the mandatory provisions of the FIFA Regulations on the Status and Transfer of Players (RSTP) as well as against internationally recognised human rights.

For example, the provision which outlines that a player can be transferred to another club without his or her consent is not only a violation of art. 13 of the FIFA RSTP, but also a direct violation of art. 23 of the Universal Declaration of Human Rights. This is just one instance of many undesirable and illegitimate provisions adopted by means of the new standard players' contract and applicable to players, without the consent of their collective representatives.

As we have previously informed KPFA, we will continue to engage FIFA to instruct the KFA and K League to ensure that the commitments made during the NDRC Project are complied with. We will also continue to support the KPFA in its efforts to remove the illegitimate and immoral clauses of the standard players' contract and FIFPRO's legal department is currently assessing the possibility to file a complaint to the FIFA Disciplinary Committee against the KFA and K League for the violation of binding FIFA rules and internationally recognised human rights.

You can count on our continuous support.

Kind regards,

Jonas Baer-Hoffmann
Secretary General

FIFPRO | Scorpius 161 | 2132 LR Hoofddorp | The Netherlands | +31 23 554 6970
fifpro.org | Chamber of Commerce: 34216855 | IBAN: NL43ABNA0240096125 | VAT exempt

표준계약서 고시(안)에 대한
국제축구선수협회의 입장문

김훈기 사무총장에게,

프로축구 선수표준계약서 관련하여 연락 주셔서 감사합니다.

첫 번째로, 대한축구협회(이하 '협회') 그리고 한국프로축구연맹(이하 '연맹')이 표준계약서를 개정하면서 한국프로축구선수협회(이하 '선수협')와 적극적으로 협상에 나서지 않아 매우 유감입니다. 이에 따라 협회 및 연맹이 2018년 11월 말레이시아에서 선언한 FIFA NDRC 프로젝트 관련 책임을 이행하지 않았다는 결론을 내릴 수밖에 없습니다. 새롭게 준비된 표준계약서는 선수협의 동의 없이 개정되었고 이러한 일방적인 결정은 절대 용납할 수 없습니다.

두 번째로, 표준계약서에 포함된 다수의 조항은 '선수 지위 및 이적에 관한 규정'(RSTP)뿐만 아니라 전 세계적으로 인정받고 있는 인권 또한 침해하고 있기에 깊은 유감을 표합니다.

예를 들어, 선수 동의 없이 이적(트레이드)이 가능하도록 규정
된 조항은 FIFA RSTP 제13조와 세계 인권선언서 제23조 또
한 정면으로 위반하고 있습니다. 위 예시는 선수들과 직결되
는 표준계약서에 포함된 모든 이해관계자의 동의가 배제된
상태에서 결정된 개악(改惡) 중 일부분일 뿐입니다.

선수협 측에 전달했던 바와 같이, FIFPRO는 FIFA가 협회
및 연맹에 NDRC 프로젝트를 이행하도록 지시할 것을 지속해
서 요청할 것입니다. 또한, 표준계약서에 포함된 독소조항들
의 삭제를 위해 노력하는 선수협 측에 지속적인 지원을 보내
며 FIFPRO 법무부는 현재 협회 그리고 연맹이 위반한 FIFA
규정 및 인권 관련 모든 문서를 확인 후 FIFA 징계위원회로
제소할 가능성을 검토하고 있습니다.

앞으로도 FIFPRO는 한국프로축구선수협회 측에 지속적인
지지를 약속하는 바입니다.

감사합니다.

요나스 베어-호프만

FIFPRO 사무총장

한국축구의 미래를 꿈꾸다

나는 VC를 통해 FIFPRO의 입장문을 이끌어냈으며 이러한 서신에 더해 FIFPRO의 공식 홈페이지 및 채널 등을 통해 공식 입장 발표를 요청했다. 한국축구계의 부당한 현실을 세계에 알리고, 이것이 왜 잘못된 것인지 국제적으로 여론을 불러일으켜서 표준계약서의 부당한 조항이 반드시 수정되어야 할 것임을 다시 한번 알리고자 했다. 우리의 이 같은 대응은 오직 하나, 문체부와 다시 대화하고자 하기 위함이었다.

일부 독자는 우리의 대응이 너무 극단적이라고 생각할 수도 있을 것이다. 문체부에게 조용히 대화를 요청하면 좋지 않을까, 굳이 부끄러운 사실을 국제적으로 이슈화할 필요가 있을까 하는 비판을 할 수도 있다. 하지만 나는 선수들을 지키기 위해 할 수 있는 모든 방안을 다 동원해야만 했다. 제대로 된 개정의 필요성을 수차례 전달했음에도 변하지 않았던 현실에 안주하고 싶지 않았다. 어떻게든 사실을 정확히 하고, 개선의 필요성과 정당성을 알릴 필요가 있었다.

다음은 FIFPRO 공식 홈페이지에 업로드된 공식 입장문 전문이다.

FIFPRO 및 KPFA,
공식 제소 고려

2021년 1월, FIFPRO는 한국프로축구연맹(이하 '연맹')에서 일방적으로 결정한 프로축구 선수 급여 및 계약 여건 변경 도입은 FIFA 규정을 위반하는 내용이기에 공식 반대 입장을 표명했습니다.

하지만, 연맹 및 대한축구협회(이하 '협회')는 프로축구 표준계약서 고시(안)를 준비하는 과정에서 한국프로축구선수협회(이하 '선수협')와 소통을 하지 않은 것에 대해 FIFPRO는 깊은 유감을 표합니다. 연맹 및 협회는 선수협의 의견 반영 없이 선수표준계약서를 통과시키는 것을 동의하였습니다.

논란의 여지가 있는 여러 조항 중, 다른 클럽이 제시하는 조건이 선수의 현 계약상의 조건보다 유리한 경우 선수는 의무적으로 이적을 해야 한다는 조항은 이해할 수 없으며 선수의 의견이 전혀 포함되지 않은 두 클럽의 합의로만 여겨집니다.

① 클럽은 계약기간 가운데 다른 클럽과의 양도양수(이하 '이적')
합의에 따라 클럽의 본 계약상 권리의무를 다른 클럽에 양
도할 수 있다. 다만, 이적 이후의 계약기간과 연봉은 양수
클럽과 선수 간 합의에 따라 본 계약과 달리 정할 수 있다.

② 클럽이 다른 클럽과 선수의 이적에 합의한 경우 선수는 이
에 응하여 양수 클럽에 합류하여야 한다. 다만, 양수 클럽
이 선수에게 제시하는 조건이 본 계약상의 조건보다 불리
한 경우에는 그러하지 아니하다.

이 뜻은 양 구단이 선수에 대해 합의점을 찾고 다른 구단이
선수의 현 계약보다 단 1원이라도 높은 계약을 제시하면, 선
수는 본인의 의사 및 현 계약기간과 관계없이 새로운 구단에
합류해야만 합니다. 이는 FIFA 선수 지위 및 이적에 관한 규
정(RSTP)뿐만 아니라 선수의 자유로운 직업 선택, 즉 전 세계
적으로 인정받고 있는 인권 또한 침해하고 있습니다.

FIFPRO 그리고 선수협은 연맹과 협회에 공식 제소를 제기
하기 위해 현 상황을 주시하고 있습니다.

선수협과 FIFPRO의 입장 발표 후, 문체부에서 다시 선수협과 미팅 자
리를 가지고 싶다는 연락이 왔다. 2020년 11월 개정 작업이 시작된 이후

처음으로 대면하는 자리를 가지게 되었다.

나는 이번이 마지막 기회라 생각하고 그동안 표준계약서 조항으로 발생했던 선수 부당대우 사례들과 이를 방지하기 위한 대안, FIFPRO 및 FIFA의 공식 입장 자료들을 준비하여 회의에 참석했다.

문체부와의 미팅은 생각보다 원활했다. 문체부 관계자들도 선수협의 입장을 충분히 공감했고, 그간 서로의 오해를 풀면서 미팅이 긍정적으로 진행되었다. 문체부 관계자들도 표준계약서 개정 작업이 이뤄진 계기는 선수들을 위해서라며 선수들이 원하지 않는 것을 강행할 생각은 없다고 했다. 또한 최대한 의견을 수렴하여 선수들의 입장에서 개선된 표준계약서라 생각한다며 선수협의 입장을 경청할 것이라고도 말했다.

나는 문체부의 개정안이 기존에 비해서 선수들의 권익 측면이 많이 발전했다고는 생각하지만, 선수협이 그간 꾸준히 요청해왔던 주요 4대 조항이 바뀌지 않는 한 선수들은 개선을 전혀 체감하지 못할 것이라고 했다. 개정안에서도 4대 악습 조항이 바뀌지 않은 것이 오히려 구단과 연맹의 그간의 행태를 묵인하는 것이며, 선수들이 여전히 외면당하고 있는 느낌을 지울 수 없다고 강조했다.

특히 축구는 FIFA 룰을 따라야 한다는 대원칙을 다시 한번 전달했으며, 이를 따르지 못했기에 FIFPRO에서도 공식 입장을 발표하고 FIFA 또한 대한축구협회에 서신을 보내는 등의 조치가 있었다고 이야기했다.

문체부는 선수협과의 1차 회의에서 동의 없는 트레이드(이적/임대)와 관련해 선수협의 의견이 일리가 있기에 반영할 예정이며, 불가항력적 사유에 따른 임금 삭감 역시 논의가 필요한 조항임을 인정하며 현실적인 절충점을 찾아야 한다고 했다. 하지만 나는 선수협이 선수들의 권리 보호와 관련된 사안은 딜을 할 수 있는 사안이 아니라고 답변했다. 상호 충분한 의견 준비 시간을 가진 후 미팅 일정을 조율하여 다시 논의하기로 했다.

이후 2차 회의에서 선수협은 그동안 있었던 임금 삭감 사례, 일방적 계약 해지, 무단 방출 및 선수 동의 없는 초상권 사용 사례들을 제출했으며 이와 함께 공정한 계약 환경을 위한 조항들을 제시했다.

초상권 관련한 조항을 논의할 때 문체부 측 변호사 중 1명이 이런 말을 했다.

> "그런데 선수는 구단이 있기 때문에 가치가 발생하는 것 아닌가요? 구단으로 선수의 초상권이 귀속되는 것이 잘못된 것인가요? 구단 소속으로 활동을 하기 때문에 발생하는 수익인데 선수와 배분을 하는 게 맞나요?"

나는 이렇게 답했다

> "그럼 변호사님은 강연이나 세미나를 다니실 때 받으신 거마비를 현재 소속 법무법인과 나누세요? 그 논리라면 금액의 많고 적고를 떠나서 법무법인이 있기에 변호사님이 강연할 수 있는 건 아닌가요?"

내 질문에 대한 답은 돌아오지 않았다. 다만 결과적으로 초상권은 선수활동과 비선수활동으로 구분해 선수들에게도 초상권 수익을 배분할 수 있는 기회가 생겼다.

축구는 타 스포츠와 다르게 FIFA라는 국제축구연맹의 룰을 따라야 한다는 특수성이 있다. 하지만 표준계약서 논의를 할 때 개정 작업에 참여한 관계자들은 계약서의 국내 적법 여부만 판단할 뿐, FIFA의 룰까지는 알지 못하고 있었다. 이 부분을 관계자들에게 이야기하는 것이 조심스러웠으나 분명 진행되어야 하는 부분이었기에, FIFA의 RSTP 등 관련 자료들을 설명했다. 또한 선수들의 1년이 얼마나 큰 의미를 지니는지 설명하기 위해 정다훤 이사와 함께 회의에 참석하는 등 선수들의 입장을 정확히 전달하기 위해 최선을 다했다.

물론 그들이 FIFA의 룰을 따라야 하는 대전제를 몰랐던 것은 어찌 보면 당연했다. 하지만 이 대화의 장은 많은 선수들의 인생이 걸린 미팅이었기에 나는 어떻게든 기회를 잡았어야 했다. 선수협이 할 수 있는 것은 모든 것을 동원했다. 언제 다시 올지 모르는 좋은 기회를 놓칠 수는 없었다. 완전히 만족스럽진 못하지만, 그래도 많은 부분이 개선된 표준계약서 개정을 이끌어낼 수 있었다.

회의 내용을 구체적으로 밝힐 수는 없지만 선수협의 성명서 이후 2차례의 회의를 통해 기존보다 한층 더 선수들의 권리를 보호할 수 있는 표준계약서를 마련하게 되었다. 비록 전체적으로 아직 만족스럽지는 않지만, 문체부 관계자의 말처럼 한 번에 모든 것이 개정될 경우 축구계가 감당할 수 없을 수도 있기에 3년 단위 개정 작업에 함께 참여하기로 했다.

3년 만의 결실, 공정위 불공정약관심사청구 승소

　　　　문체부 표준계약서 수정과 더불어 2021년 12월, 드디어 선수협이 청구한 불공정약관심사청구의 결과가 발표됐다.

　내용은 문체부 표준계약서 수정 내용과 크게 다르지 않으나, 선수의 TV 등 대중매체 출연과 관련하여 구단의 허락을 맡도록 한 조항을 경기 등에 영향이 있을 때만 제한할 수 있도록 바뀌었다. 선수협의 공정위 청구 승소로 선수들의 권익은 한층 더 강화되어 보호받게 됐다. 하지만 발표 후에도 씁쓸함은 남아 있었다.

　공정위 심사청구의 과정을 돌이켜보면 조사관이 여러 번 바뀌며 보통의 심사청구에 소요되는 시기를 한참이나 지났으며, 조사관에게 연락할 때마다 원론적인 이야기만 돌고 돌 뿐, 진전 사항이 없어 너무나도 답답했었다. 답답한 마음에 민원 제기도 해보고 조사관을 직접 찾아가서 설명하는 등 많은 노력을 기울였다.

　이처럼 모든 노력을 쏟아부어도 진전 없던 일들이 문체부의 표준계약서 결과가 발표되자 그것에 기반한 형태로 발표하는 것이 달갑게 느껴지진 않았다. 앞서 언급한 것처럼 문체부와의 논의를 통해 표준계약서를 수정했다고 하더라도, 여전히 FIFA의 룰에 맞지 않는 부분도 분명히 존재했으며, 공정위의 발표가 그 부분을 보완해 주길 진심으로 바랐다.

　문체부 발표 이후에도 공정위와 수차례 대화하며 해당 부분의 개선을 요구했으나, 심사청구의 근본적인 한계로 약관의 공정성만 심사가 가능하다며, 선수들의 권익 보호를 위한 완벽한 제도 개선은 이루지 못했다.

아쉽지만 선수들의 방송 매체 출연 등에 있어서 모든 허락을 받았어야 했던 기존 규정에서 경기력에 영향이 있을 경우만 제한한다는 추가적인 보완이 이루어졌다는 것에 만족해야 했다.

그런데 공정위의 결과 발표 날, 한 번 더 씁쓸함을 맛보게 되었다. 대다수 언론보도가 K리그의 불공정약관들이 자진 개선을 통해 이루어 냈다는 식으로 발표되었고, 연맹은 공정위의 발표를 환영한다는 기사를 내보내며 선수들의 권익을 위해 자신들이 힘썼다는 것처럼 표현했다.

훌륭했다. 연맹은 자신들의 과오를 그렇게 인정하지 않으며 선수들을 이용만 하다가 정부 기관의 판단으로 돌이킬 수 없게 되자, 본인들의 치적인 양 태세를 전환하여 여론의 주도권을 가지는 모습이 참으로 훌륭했다.

그동안 선수들이 얼마나 많은 희생이 있었는지, 어떠한 피해를 입었고 어떻게 개선되어야 할지 누구보다 잘 아는 주체가, 공정위 심사청구 및 문체부 표준계약서 수정 논의에 참여할 때도 각종 반대 자료를 제출하며 개선을 막고자 했던 일은 까맣게 잊고 공정위 결정에 환영한다니, 정말 기가 찰 노릇이었다.

말하지 않으면 아무것도 바뀌지 않는다. 하지만 현실은 말만 한다고 해서 바뀌는 것도 아니다. 나는 한 걸음 나아간 결과를 이끌어내기까지 정말 할 수 있는 모든 것을 다했다고 생각한다.

돌이켜보면 문체부의 개정 작업도 처음에는 선수협이 배제된 상황에서 진행되었다. 문체부가 최종안을 발표하는 시점에 선수협은 FIFPRO와 언론 매체에 해당 내용의 부당함을 알리며 선수들을 보호하기 위해 많은 것들을 시도했다. 그리고 본격적인 회의에 참여하기 전까지 연맹 관계자는 선수협을 배제하고 진행하자는 주장을 펼쳤다. 연맹의 요구에 문체부는 야구계도 가만히 있고 다른 종목의 선수들은 별말 안 하는데 왜 축구선수협만 유난이냐는 소리까지 들어가며 제도 개선을 처절하게 외쳤다.

물론 문체부의 선수협에 대한 오해는 우리가 본격적으로 회의에 참여하면서 모두 풀리고 선수협의 존재를 인정해주기도 했다. 그리고 최종 결정 단계에서 선수협의 의견을 반영해 해당 내용을 전면 수정하는 큰 용기와 노력까지 보여주었다.

그럼에도 불구하고 아직도 선수들의 권익이 완벽히 보장되는 표준계약서는 아니라고 생각한다. 이적 관련한 조항에서 '동의'가 아닌 '협의'인 부분, 다년 계약하에서 매년 선수들이 연봉 삭감을 당하는 부분(선수는 다년 계약이 체결될 경우 이적료가 발생하기 때문에 연봉협상에 응하지 않으면 절대적으로 불리할 수밖에 없다) 등의 개선도 분명히 이루어져야 한다.

FIFPRO 및 주변 관계자들 그리고 선수들까지도 정말 많은 부분이 바뀌었다. 너무 감사하다고 인사를 건넸지만, 나는 아직 축하받기 이르다고 생각한다. 국제적 기준으로 봐서도 한국축구계의 표준계약서가 너무나 미흡하기 때문이다.

축구 관계자들에게 이런 말을 참으로 많이 듣는다.

"선수협이 A 부분을 들어준다면, 우리가 B를 내어 줄 의향이 있다. 정식으로 대화 상대로 인정하며 함께 나아가는 것이 어떻겠느냐"

참으로 가슴 아픈 말이다. 내가 하는 일들은 나의 사익이 아닌 누군가의 인생을 위해 하는 일이다. 누군가의 삶과 인간으로서의 기본적인 권리를 위한 일에 타협이 개입될 수 없다. 그런데 상대방은 그저 자신이 속한 단체의 이익만을 중시하면서 피해를 받고 있는 선수들은 아랑곳하지 않은 듯 보였다.

다시 한번 강조하지만, 선수들과 관련한 부분은 '타협'의 대상이 아니다. 물론 그들의 제안을 받아들였다면 단체로서 평탄하고 빠르게 자리 잡을 수도 있었겠지만 선수협의 본질은 그것이 아니다. 내가 선수협에 재직하고 있는 한 절대로 타협은 존재하지 않을 것이다. 진정한 인정은 상대방을 존중하며 이루어지고 신뢰관계 속에 함께 나아가는 것이지, 서로의 이익을 위해 무언가를 교환하는 것은 절대 건설적인 관계가 아니라고 생각한다.

아무도 알아주지 않더라도 나는 굳은 신념을 품고 오늘도 묵묵히 선수들을 위해 나아가고 있다.

한국축구의 미래를 꿈꾸다

선수협과 연맹, 소통을 통해
새로운 관계로 거듭나야

선수협은 선수들의 인권을 보호하고 권리 개선에 앞장서는 단체이기에 구단이나 연맹과의 관계가 매끄러울 수는 없다. 선수협은 연맹과의 관계에 있어 출범 초기부터 적대적 관계가 아닌, 상호 협력하고 소통하는 관계로 거듭나길 바랐다. 그래서 서로 간에 진정성 있는 대화가 절실했다. 많은 시도가 있었고 또 많은 좌절이 있었다. 사실 선수협과 연맹의 매끄럽지 못한 관계는 비단 우리나라에만 국한된 이야기는 아니었다. 이와 관련해 일본의 사례를 하나 소개하고자 한다.

2014년 일본 도쿄에서 열린 FIFPRO 세계 총회에 참석했을 때의 일이다. 당시 FIFPRO 아시아 부회장이었던 야마자키 타쿠야는 중요한 총회 둘째 날 회의 때 참석하지 않았다. 항상 총회나 워크숍 등 FIFPRO가 진행하는 모임에는 아무리 사소한 모임일지라도 항상 참석했었는데, 그날 저녁 회의에 보이지 않았던 것이다.

혹시라도 무슨 일이 있는지 걱정되어 일본선수협회 사무국장인 주니치 타카노에게 물어보니, 조금 있으면 총회에 일본축구협회 회장인 타시마 고조 회장이 인사차 참석하는 일정이 있어서 야마자키 타쿠야 부회장은 참석하지 않도록 부탁했다는 것이었다.

그의 말이 끝나기 무섭게 많은 박수를 받으며 타시마 고조 회장이 연회장으로 들어왔다. 나는 닫히는 문을 바라보며 한국 선수협을 함께 만들기 위해 매번 유럽에서 일본으로, 그리고 한국으로 달려와 전국을 돌아다니던 야마자키 타쿠야의 모습이 떠올랐다. 어렵고 힘든 선수들에게 왜 선수협이 필요한 단체인지를 간절하게 전달해주었던 그의 모습을 생각하니 마음 한구석이 뭉클해졌다.

나중에서야 야마자키 부회장이 행사에 불참석하게 된 이유를 듣게 되었다. 2010년에 개정된 일본 이적료(우리나라의 보상금처럼 계약기간이 끝난 선수는 FA가 되는데 계약기간이 끝났음에도 다른 구단 이적 시 직전 구단에 일정 금액을 지불해야 함) 제도를 치열하게 싸워 없앴는데, 그때 협회 및 연맹 관계자들이 선수협 측의 중심으로 활동했던 야마자키 타쿠야를 다시는 상대하기 싫다는 의사를 선수협 측 관계자에게 전달했다. 앞으로 공식적인 자리에서는 야마자키 타쿠야가 나오면 대화하지 않겠다는 말까지도 했다고 한다.

타시마 고조 회장 옆에서 웃으며 관계자들에게 일일이 인사하며 지나가는 타카노 일본선수협 사무국장을 보며 아쉬운 감정이 들었다. 그저 단체의 이익과 관계를 위해 연맹의 제안을 받아들이고, 선수들을 위해 치열하고 맹렬히 싸웠던 사람을 방치하고 외면당하게 하는 현실이 씁쓸하기만 했다.

이후 야마자키 회장에게 직접 들은 이야기지만, 이적료 제도 폐지 문제로 싸웠던 당시 선수협 핵심 멤버들은 이미 많이 바뀌었고(은퇴 혹은 임원 교체 등의 사유) 그때 자신이 치열하게 싸웠던 것을 아는 선수는 이제 몇 명 없다고 말했다. 보상을 받거나 인정받기 위해서 한 일은 아니지만 몇 년에 걸쳐 치열하게 싸웠는데 정작 돌아온 건 축구협회와 연맹에서의 비판과

한국축구의 미래를 꿈꾸다

비난, 그리고 배제만을 당하니 가끔 본인도 허탈할 때가 있다고도 했다.

나 또한 야마자키 회장과 비슷한 경험을 겪은 적이 있다. 불과 작년 (2021년 6월경)의 일이었다. 나는 선수협 임원진을 통해 축구 관계 기관들이 선수협과 대화할 때 나를 배제하길 원한다는 말을 전해 들었다.

그동안 단체 간에 많은 일들이 있었고 그로 인해 여러 오해들이 쌓였을 수도 있다. 하지만 그렇다고 선수협의 실무책임자를 배제하고 대화하길 원한다는 관계자들의 발상은 이해할 수 없었고 그런 현실에 안타까움마저 느꼈다. 우리는 감정을 배제하고 선수들의 권리를 위해 타협 없는 주장을 펼쳤을 뿐이었다. 결코 그들을 비난할 생각도, 감정적일 이유도 없는 일이었다.

서로 간의 감정도 물론 중요하지만 단체의 일을 할 때는 지금의 선택들이 훗날 어떤 결과를 초래할지에 대한 이성적 판단이 필요했다. 아울러 선수들의 권리와 직결된 표준계약서, 연봉 삭감 등은 딜을 할 수 있는 부분이 아니었으며 조금 힘들더라도 타협하지 않고 꿋꿋이, 지혜롭게 대처해 나가는 것이 가장 중요하다고 생각했고 지금도 그 생각은 변함없다.

나중에 기회가 된다면 더 자세히 얘기하겠지만, 현재는 축구 관계자들과 만나 대화를 통해 그동안의 오해를 풀었다. 앞으로는 감정적인 대응이 아니라, 한국축구 발전을 위해 함께 노력하기로 뜻을 모은 것이다.

그토록 바라던 소통의 장이 마련되었다. 이제 첫발을 내디딘 것이나 마찬가지다. 진정한 소통을 통해 선수협과 축구 관계 기관이 새로운 변화의 계기를 마련하길 진심으로 기대해 본다.

KOREA PRO-FOOTBALLER'S ASSOCIATION

CHAPTER 5.

선수협의
오늘과 내일

선수협의
오늘과 전략

◀ 항상 오늘을 넘기기 위한
고민이 아닌, 선수협의 3년,
5년 후의 미래를
준비하기 위해 계획하고 있다.

 아쉽게도 너무나도 많은 클럽이 상식적으로 통용되는 고용에 관한 기본 원칙이 자신들에게는 적용되지 않는다고 여기며 선수들을 마음대로 고용하고 방출한다. 이에 반해 프로축구 선수가 되는 것은 정말 험난하고 힘든 일이다. 선수들은 한 번의 큰 부상으로 바로 실업자가 될 수도 있고 몇 번의 시합에서 좋은 모습을 보여주지 못할 경우 방출되기도 한다.

 대개 선수들은 자신들이 직접 피해를 보기 전까지는 선수협의 필요성을 느끼지 못하다가, 안타깝게도 부당한 대우를 당해 상황이 심각해지고 나서야 자신들을 도와줄 선수협의 필요성을 깨닫는다. 문제가 발생해 상처가 곪을 대로 곪은 상태에서 도움의 손길을 내밀다 보니, 평상시 선수들에게 크게 와닿지 않던 선수협은 제대로 구성이 될 수가 없었다. 그래서 나는 제대로 된 선수협을 구성함으로써 악순환을 끊고자 했다.

 처음에 선수협을 만드는 일은 전문적인 부분들이 필요했다. 자본 없이

한국축구의 미래를 꿈꾸다

시작하는 비영리사업이었기에 수익 창출은 기대할 수 없었다. 따라서 합당한 보수가 따라올지에 대한 확신도 없는 상황이었다.

그리고 나는 전문적인 경영을 배운 경영인도 아니었고 오로지 운동만 했던 터라 설립 초기에는 많은 시행착오를 거듭했다. 그래도 여기까지 선수협을 이끌 수 있던 힘은 변치 않는 신념이었다. 그 신념은 국제축구선수협을 통해 배우고 느꼈던, 선수협이 존재하는 이유와 필요성에 대해 더 단단히 마음먹게 하는 계기를 마련했다.

여기서는 우리와 비슷한 조직을 계획하고 있는 사람들이나 그런 신념을 가진 사람들에게 내가 선수협을 조직하고 운영하며 생각했던 조직 구성과 전략 노하우에 관해 공유하고자 한다. 처음에 나는 선수협을 설립하는 것 자체가 중요하다고 생각하지 않았다. 중요한 것은 선수협을 통해서 무엇을 해나갈 것인지에 대한 것이었고, 이런 생각으로 한 걸음씩 또 한 걸음씩 조금은 느릴 수도 있지만 꾸준하게 걸어왔다. 내가 말하는 것이 정답은 아니지만, 새롭게 단체를 만들거나 조직을 구성하고 싶어 하는 사람들에게 조금이나마 도움이 되길 바란다.

우선 초기 선수협의 조직 구성과 구체적인 상황을 살펴보자.

나는 선수협의 가치에 공감하고 함께 움직여줄 전문적인 능력을 가진 동료들을 구하기 위해 동분서주했다. 비록 FIFPRO의 전문 인력들의 도움을 받고 있었지만, 선수협 자체적으로도 함께 할 동료들이 필요했다. 그런데 막상 인력이 채워진다고 해도 당장은 합당한 보수를 지급할 수 없었다. 그래서 우리의 가치를 공유해줄 수 있는 사람들이 필요했고 부득이하게 희생도 따라야 했다. 그때 내가 해줄 수 있는 것이라고는 가끔 축구 경기 티켓과 그들이 원하는 것을 주기 위해 노력하는 것이었다. 처음부터 함께한 조직 구성원은 선수협의 소중한 자산이었기에 나는 그들과 최대한 긍정적인 관계를 형성하는 데 주력했다.

그리고 10년 이상 선수협 일을 해오면서 느낀 것은 조직을 구성할 때 조직의 효율성을 극대화할 수 있는 방안은 구성원의 포지션을 잘 배분하고 원활한 소통 창구를 만드는 데에 있다는 점이었다.

축구로 예를 들어 각 포지션에서 최고의 선수 11명을 모아 팀을 구성했다고 해보자. 선수 개개인이 베테랑이라고 해서 과연 팀도 최강의 팀이 되는 것일까? 아마 아닐 것이다. 모든 선수가 스트라이커나 골키퍼가 될 수 없는 것처럼 팀이란, 각자의 장점과 특기를 활용해 팀워크를 발휘할 때 가장 큰 시너지 효과가 나온다.

조직도 마찬가지다. 나는 사무국의 자원을 구성할 때, 그들의 장점을 활용하고 단점을 서로 보완할 수 있도록 업무분장을 했다. 그렇게 자연스러운 조화를 이루고, 같은 목표와 꿈을 가지고 나아갈 수 있도록 하는 것을 우선으로 삼았다. 또 소통을 할 때도 위계질서라는 이름으로 그들의 좋은 아이디어를 놓치지 않게 수평적인 조직문화를 지향했다. 자연스러운 분위기가 조성되어야 조직원이 편하게 일할 수 있고 또 의견도 자유롭게 낼 수 있다. 다만 서로 자기 말만 하고 자신의 이익만 고집한다면 그 조직은 무너질 수밖에 없기에, 서로의 의견을 존중하고 그 의견이 잘 조화될 수 있도록 내가 중재자 역할을 한다.

현장에서 보면, 훌륭한 멤버가 모여 있어도 무너지는 경우가 종종 있다. 자신의 장점을 발휘하기 전에 서로 인정하지 않고 배려하지 않고, 존중하지 않기 때문에 조직 구성원들이 융화되지 못하고 시너지 효과를 내지 못하는 것이다.

조직을 책임지는 사람이라면, 이런 점을 종합적으로 고려해 우리가 어떤 위치에 있는지 정확히 인지해서 효율적이고 바람직한 인력 배치와 자원 분배 그리고 조직원이 진정으로 일하기 좋은 조직문화를 형성해 나아가야 한다.

많은 사람들이 처음 단체를 만들 때는 나의 상황과 별반 다르지 않을 것이라 생각한다. 나 또한 아무것도 없는 상황에서 우스워 보이지 않는 제대로 된 단체를 설립하기 위해 다양한 시도를 했고 뼈를 깎는 노력을 했다.

나는 진심으로 한국축구의 발전을 위해 선수협을 제대로 구성하고 싶었다. 그러기 위해 다음과 같은 두 가지 내용을 조직의 우선순위로 정했다.

1. 선수협에 대한 올바른 이해 및 목표, 가치 확립
2. 선수협의 정확한 상황 분석

이 두 가지를 우선순위로 삼아 '가장 빠른 속도는 기본부터 탄탄하게 다져나가는 것'이라는 마음가짐으로 조직을 운영하기 시작했다.

1) 선수협에 대한 이해

선수협은 여러 가지 형태를 띨 수 있지만 일반적으로 확고한 조직과 민주적으로 선출된 구성원을 통해 프로축구 선수들의 권익을 대표하는 것을 목표로 한다. 선수협을 통해 선수들이 한 곳에 뭉쳐 함께 연대해나가는 것을 통해 단합된 목소리를 내는 것으로, 선수들의 권익을 보호하고 증대시켜 나갈 수 있게 될 것이다.

구단은 1명의 선수를 방출하거나 해고할 수 있지만 팀 전체 혹은 리그 전체의 선수를 방출하거나 해고할 수는 없다. 나는 선수협을 구성함으로써 선수들이 당연한 권리에 대해서 보장받고 축구계를 구성하는 중요한 한 축으로서 발언권을 가지게 함으로써 축구와 관련한 논의를 진행함에 있어 선수 또한 그 자리에 함께 참여해 의견을 내고 교환할 수 있게 할 것이다.

2) 선수협의 목표 및 가치 확립

- 선수협은 FIFPRO의 회원으로서 활동할 것이다.
- FIFPRO의 정회원이 되어, 한국축구 선수들이 받는 부당한 대우에 대해 알리고 개선하기 위해 노력할 것이다.
- 한국축구는 실력 및 마케팅 측면에 더해 선수 인권 발전이 함께 더해질 때 진정한 성장이 가능하다.
- 모두가 선수를 외면할 때 선수협만은 외면하지 않고 선수들을 돕는다. 다만, 무조건적으로 선수들만을 위한 이익단체가 되는 것을 경계하기 위해 기준점을 명확히 한다.
- 선수 권리 보호를 위한 길에는 타협 없이 어느 단체보다 투명하고 떳떳하게 운영한다.

오랜 세월이 흐른다 해도 절대 변하지 말아야 할 선수협의 기본 가치를 확립시키고 싶었다. 선수협 설립을 위해 당장의 눈앞에 닥친 일을 해결하는 것보다 10년, 20년, 30년 후의 선수협에서도 변하지 않을 가치를 다지는 것이 무엇보다 중요했다. 급하게 당장 앞만 보고 활동한다면 현재의 이슈에 끌려다니는, 정말 그 상황만 모면하는 단체가 될 것이 뻔했다. 그런 단체가 되지 않기 위해 큰 틀에서 가치를 확립한 후, 선수협이 상황을 지배하며 나아가고자 하는 목표와 가치를 분명히 했다.

그렇다. 신념과 목적이 명확한 단체는 쉽게 무너지지 않는다.

3) 선수협의 상황 분석

선수협의 초기 상황을 들여다보면, 선수협은 여느 스타트업과 다름없이 시작 당시에 자본금이라고는 전무했다. 당시 선수협의 상황을 간단하게 표로 정리해봤다.

〈2012년 상황표〉

구 분	내 용
직 원	1명(본인)
자 본	자본금: 0원 사무실: 없음 자동차: 없음 월 급: 없음
인프라	– FIFPRO 아시아 회장과의 인연 – 2002 월드컵 출신 선수
상 황	– 선수협 구성에 대한 선수들의 부담(아무도 나서려 하지 않음) – 선수들을 만나기 위한 교통비 등을 포함한 활동비 지원 없음 – 나 또한 축구만을 해왔던 사람이기에, 단체 운영/행정/경영 경험 전무 – 모두가 한국에서 선수협을 만드는 것은 불가능하다고 하는 상황 – 구단의 견제

임원진의 노력,
그리고 조직의 성과

　　2018년 이근호 선수가 선수협 회장으로 취임한 후 나는 본격적으로 활동하기 위한 구체적인 계획을 세웠다. 우선 임원진을 꾸려야 했다. 선수들은 직업 특성상 강한 내부 결속력을 가지며, 외부인에 대해서는 쉽게 마음을 허락하지 않는 경향이 있다. 그런데 다행히도 은퇴한 선수들은 현역 선수들의 마음의 벽을 뛰어넘을 수 있었으며, 또 현역으로 뛰고 있는 나의 과거 팀 동료 등의 인맥도 있었다.

　　초기에는 은퇴 선수들과 함께 선수협 구성을 위한 작업을 했다. 은퇴한 선수들은 현역으로서 구단의 눈치를 봐야 하는 선수들과 달리 본인의 의견을 자유롭게 표출할 수 있었다. 또 많은 동료 선수들과 후배 선수들을 소개해주었고, 선수협의 필요성에 대해 함께 설명하며 적극적으로 움직여주었다.

　　선수협을 사단법인화한 후에 선수협의 영향력을 더 강화하기 위해서는 현역 선수들의 적극적인 활동이 필요했다. 하지만 현역 선수가 선수협에서 역할을 담당한다면 부당한 대우를 받을 가능성이 높았다. 그래서 어느 선수에게 역할을 부탁해야 할지 고민이 매우 많았다. 현실적으로 구단의 압박으로부터 어느 정도 자유롭게 의견을 낼 수 있으려면 그 누구도 비난하기 힘든 국가대표 스타 선수나 명문 클럽의 베테랑 선수들이어야 했다.

　　특히 선수협 초기 임원진이 매우 중요한 역할을 담당하고 많은 압박을 받게 될 것이 자명했기에 신중할 수밖에 없었다. 그래서 나는 선수협 임원진의 역할에 대해 매뉴얼로 만들어 어떤 역할을 담당하게 될지 또 어떤 일들이 발생할 수 있는지를 구체적으로 작성하여 설명했다. 이후 많은 선수들의 추천으로 이근호 회장을 초대 현역 회장으로 선임하게 됐고, 염기훈, 박주호 부회장을 비롯하여 여러 임원진들이 함께하게 되었다.

여자 임원진 구성의 경우, 영향력 있는 선수를 중심으로 구성하는 것이 어떻겠느냐는 제안을 FIFPRO로부터 받았다. 마침 지소연 선수가 당시 선수협에 적극적이었는데, 남자 임원진들도 지소연 선수를 적극 추천했다. 여자 축구에 대해 생소했으므로, 남자축구와 달리 상향식 조직 구성방식보다는 영향력 있고 든든한 회장을 기반으로 조직을 탄탄하게 구성하는 하향식 조직 구성방식을 선택했다.

우리가 이런 선택을 하게 된 가장 큰 이유는 선수협을 내가 직접 선수들에게 설명하는 것보다 선수들이 선수들에게 직접 설명하는 것이 더 효과적이라는 것을 확인했기 때문이었다. 이에 지소연 회장을 중심으로 조직을 구성했고 FIFPRO와 함께 선수협의 공식 회장 취임을 축하했다. 이와 동시에 지소연 회장 취임 홍보를 크게 해서 영향력을 갖도록 했고, 임원진 전원을 국가대표 선수 출신으로 구성하여 선수들이 기댈 수 있는 든든한 조직을 만들고자 했다.

해외의 경우를 보면 선수 출신 행정가들이 즐비하다. FIFPRO 부사무총장인 사이먼 콜로시모(Simon Colosimo)는 호주 국가대표 출신이었으며, 현재 FIFPRO 회장인 다비드 아간소 또한 레알 마드리드에서 뛰었던 선수 출신이다. 이처럼 해외는 선수 출신의 행정가들이 정책들을 입안하고 실행하며 현장에서 그들이 겪었던 경험을 바탕으로 각국의 축구 발전을 위해 노력하고 있다. 우리나라도 이제는 선수 출신의 행정가들이 나와서 적극적으로 활동해야 한다고 생각한다.

그 일환으로 남준재, 정다훤 이사와 윤영글 선수를 사내 이사(어드바이

제)로 선임해줄 것을 요청했고, 이사회의 승인을 통해 정식으로 사내 어드바이저로 임명받아 활동하고 있다.

특히 윤영글 어드바이저는 여자 축구 발전 방향을 위해 많은 아이디어를 내주며 선수들에게 선수협을 적극적으로 설명하는 등 누구보다 많은 역할을 해주고 있다. 정다훤 이사 또한 선수들에게 변경된 표준계약서를 설명하며 선수협을 쉽게 설명해주고, 그들과 활발하게 소통하고 있다.

이처럼 선수협의 남녀 임원진들은 선수들의 의견을 적극적으로 수렴하고 환경을 개선해나가기 위해 최선을 다하고 있다. 각자의 위치에서 노력하면서 동료와 후배 선수들에게 선수협의 가치를 널리 알리는 데에 큰 기여를 하면서 진정으로 한국축구 발전을 위해 함께 노력하고 있다.

선수협의 첫 공식 남녀 임원진은 이렇게 발족되었다. 선수협의 임원진은 한국축구 발전과 선수 권리 보호에 대한 사명을 가지고 누구보다 열심히 활동하고 있다.

〈선수협 조직도〉

공동 회장
이근호 · 지소연

부회장
염기훈 · 박주호

사무총장	어드바이저	이사	해외 이사	고문
김훈기	정다훤 남준재 윤영글	윤석영 조수혁 배승진 신광훈 김진수 이청용 백성동 강가애 김혜리 박예은 이금민 장슬기	정성룡 김민우	이영표 김한섭 주현재

사무국
국제협력팀
경영기획팀
법무팀
선수지원팀
재무팀

한국축구의 미래를 꿈꾸다

선수협의 내일을 그려보다

다음으로 선수협의 전략 계획을 공유하고자 한다. 전략 계획을 수립하기 전에 나는 다음의 내용을 우선적으로 고려했다.

- 선수들이 원하는 것이 무엇인지/선수들에게 필요한 것이 무엇인지
- 내가 현재 가지고 있는 것이 무엇인지
- 우리가 해결해야 할 것들의 우선순위 설정
- 단기, 중장기 목표 설정
- 구체적 실행 계획 수립

우선 선수들이 무엇을 원하는지가 매우 중요하다. 단체의 힘은 그 단체의 가치가 어디를 향하고 있는지에서 나오는 것이다. 선수협은 선수들을 위한 단체이고, 한국축구 발전을 위한 단체다. 선수들이 무엇을 원하는지, 또 그것이 어떻게 한국축구 발전과 연계될 수 있는지를 파악하는 것이 중요하다.

그동안 수많은 선수들을 만나며 선수들의 니즈를 파악하고자 노력했는데, 선수들이 선수협에 바라는 바는 다음과 같았다.

1) 신인/저연차 선수: 물품 지원, 연봉 삭감과 무단 방출 및 훈련 배제에 대한 보호
2) 유명한 선수: 초상권 보호, 이적 및 임의탈퇴 문제

3) 베테랑 선수: 보상금 관련 문제, 은퇴 후의 삶에 대한 지원

그리고 선수들과 상담을 하며 그들에게 필요하다고 느꼈던 것을 다음과 같이 정리해보았다.

1) 교육
- 권리에 대한 교육
- FIFPRO에 대한 올바른 이해
- 계약서 등 부당대우에 관한 사례 교육

2) 제도 및 악습으로부터 보호
- 매년 연봉 삭감에 대한 교육
- 강제 트레이드에 대한 보호
- 초상권에 대한 올바른 수익 분배

선수들이 원하는 것과 필요한 것을 전반적으로 파악하여 이를 적절히 조화시켜 카테고리화하면서 정리했다.

구 분	내 용	목 적
제도 문제	1) 매년 연봉 삭감 2) 강제 트레이드 3) 보상금 및 임의탈퇴 4) 부당대우(초상권 수익 포함)	제도 개선을 통한 선수 권리 보호 → 사례별 대응이 아닌 근본적 문제 에 대한 해결 필요
지원 관련	**교육** 1) 권리에 대한 교육 2) FIFPRO/선수협에 대한 이해 3) 부당대우 사례에 대한 교육	권리에 대한 교육을 통해 부당한 사 례에 대해 목소리를 내고 어떠한 것 이 부당하고 어떤 것이 옳은 가를 구 별할 수 있는 능력을 함양하고자 함
	경제 – 세무 관련 – 물품 지원	겉으로 보이는 화려한 세계는 1%의 선수들, 나머지 선수는 생계난으로 인해 많은 어려움을 겪고 있으며, 기 본적인 축구화조차 구매하기 어려운 실정으로 실질적인 지원이 필요함

나는 선수들의 니즈를 간단히 정리를 하고 문제를 개선시켜 나가기 위
해 먼저 우리의 상황을 SWOT 분석을 통해 냉철히 보고자 했다. 다음은
당시 내가 작성했던 SWOT 분석표다.

Strengths

1) FIFPRO와의 커넥션

2) 제도 개선에 대한 공감대

3) 선수협에 적극적인 베테랑 선수들(이영표, 김한섭, 최원권 외 2명의 2002년
   월드컵 국가대표 등)

Weaknesses

1) 구성 초기의 조직

2) 낮은 인지도 및 선수 가입률 → 구성 초기인 점과 연관된 약점
3) 협회, 연맹, 구단 등 오랜 기간 시장을 독점으로 가져왔던 축구계의
   위치

Opportunities

1) 선수 가입률에 대한 기대
2) 부당한 조항에 대한 개선 능력 보유
3) 국제기관 등에 대한 협력 유치 등

Threats

1) K리그에서 연맹의 독보적인 위치 및 권한(연맹과 좋지 않은 관계)
2) 선수협에 공감하지 않는, 선수협이 필요 없는 위치의 일부 선수들
3) 예산

이처럼 당시 나는 선수들에게 필요한 점과 선수협에 대한 SWOT 분석
을 통해 조직의 발전과 선수들의 권리를 보호하기 위한 길을 만들고자
했다. 우선순위를 정해 3개년 동안 그 목표를 이루고자 했다. 연도별 중
요 목표와 달성 여부를 다음과 같이 표로 나타내보았다.

연 도	내 용	달성 여부	비 고
2019	이사회(연간 3회 이상)	○	
	구단별 선수단 전체 미팅	△	(22개 구단 중 13개 구단)
	CSR 활동	○	
	구단별 선수 대표단 미팅	×	
	SNS 운동	○	(태극기 그리기 운동)
	공정위 제소	○	
2020	공정위 승리	△	진행 중
	워크숍 진행	×	코로나 사건 발생
	연봉 삭감 사례 0건 달성	○	
2021	표준계약서 수정	○	
	여자 축구 선수 권리 보호	○	지소연 회장 및 임원진 선임
	공익 법인 등록	○	
	구단별 선수 대표단 미팅	○	주장단 미팅
	공정거래위원회 승소	○	

　　나는 정확한 상황 분석을 하면서 연도별로 주요 목표를 설정하고 달성해왔다. 매년 나는 3개년 계획과 더불어 10년 후의 미래를 그려보는 습관을 들이고 있다. 트렌드는 쫓아가는 것이 아니라 만들어가는 것이라 여기며 선수협의 틀을 넘어 문화를 만들고자 항상 시도하고 있다.

물론 목표를 이루는 과정에서 예기치 못한 상황이 발생할 수도 있다. 선수협은 그러한 불확실한 상황 속에서도 흔들림이 없어야 한다. 가령 예산의 경우, 나는 매년 예산 계획을 수립할 때 확실하지 않은 수입일 경우에는 '0'원이라는 가정하에 예산을 편성한다.

이와 같은 습관을 토대로 매년 2배 이상의 선수협 자산을 늘리고 있으며, 이와 동시에 선수들에게 제공하는 혜택도 늘어나고 있다. 현재도 넉넉한 상황은 아니지만, 앞으로도 선수들에게 더 많은 것을 제공하기 위해 조직을 효율적으로 운영할 계획이다.

일본의 경우 100년 대계를 짜놓고 그에 맞춰 발전할 수 있도록 한다. 우리나라 축구계에 묻고 싶다. 현재에 만족하는가? 앞으로 몇 년을 더 내다보고 있는가? 구체적인 목표를 달성하기 위한 전략을 가지고 있는가?

K리그가 스코틀랜드의 리그를 모방하여 만들었다고 하지만, 이제는 우리나라의 실정에 맞춰서 발전을 모색해야 한다. 일본은 지역 주민들과 행사도 적극적으로 진행하며 유대관계를 쌓고 이는 결국 축구 리그의 흥행으로 귀결되고 있다. K리그는 발전을 위해서 무엇을 준비하고 있는가?

현재 한국축구는 여전히 경기 중심의 시장 가치를 추구하고 있다. 그런데 5년, 10년 후에도 이러한 가치가 유효할지 의문이 든다. 사실 한국 선수들의 경기력은 매우 우수한 편이다. 그런데 현실은 경기력이 흥행으로 직결되는 것은 아니다. EPL(England Premier League: 영국 프리미어리그)이 흥행하는 이유를 생각해보자. EPL은 기본적으로 훌륭한 경기력을 선보이기도 하지만, 클럽과 선수들의 매력적인 스토리가 팬들을 사로잡고 있다.

예를 들어 영국 프리미어리그 레스터 시티 FC의 제이미 바디와 같이

한국축구의 미래를 꿈꾸다

사람들이 공감할 수 있는 많은 스토리가 있으면 팬들은 이에 공감하게 되고 선수들에 관심을 가지게 된다. 선수에 대한 관심은 클럽에 대한 관심으로 옮겨가고, 자연스럽게 리그 전체에 대한 관심으로 확장된다. 스토리를 내재한 EPL의 인기 비결 중 하나다.

한국축구도 이제는 경기력 중심의 시장 구조에서 스토리 중심의 시장으로 시선을 옮길 필요가 있다. 한국축구가 한창 흥행할 때는 고종수의 '앙팡 테리블', 이동국의 '라이언킹' 등 특징이 있는 선수들에게 별칭이 있기 마련이었다. 하지만 현재 K리그에서는 그런 애정 어린 별명을 찾을 수 없다.

별명은 곧 팬들과의 친근감과 연결되며 선수들에게 더욱 다가가기 쉽게 한다. 내가 일본에서 선수 생활을 했을 때도 대부분의 선수는 각각의 별명이 있었고, 팬들은 그들의 별명을 부르며 더욱 친근하고 가깝게 느끼며 다가갈 수 있었다.

그래서 선수협은 선수들의 스토리에 주목하고 이를 축구 산업에 활용하기 위한 방안을 마련 중이다. 가령NFT(Non-Fungible Token, 대체 불가능한 토큰: 블록체인 기술을 이용한 디지털 자산의 소유주를 증명하는 가상의 토큰)를 스토리텔링과 연계한 사업을 구상하는 식이다. 한국은 해외에 비해 NFT가 활성화되지 않았지만, 선수협은 선수들의 스토리를 이슈화하고 보편화해서 NFT 사업 분야에 진출하려고 구상하고 있다. 이는 한국축구를 경기 중심에서 콘텐츠 중심으로 혁신해 시장의 경쟁력을 도모할 수 있게 해준다.

이제 한국축구도 경기력만으로 승부하는 것이 아닌, 선수들의 스토리, 캐릭터, 스타성 등을 팔아야 할 때다. 나는 한국축구의 미래가 이런 것들에 있다고 생각하면서 이를 구체화하기 위한 전략을 수립했다. 선수협이 선수의 권리 보호라는 인권의 문제를 넘어, 한국축구의 진정한 발전을 도모하기 위해 한 걸음 더 전진하고 있다는 말이다.

다음으로 K리그에게 묻고 싶은 것은 한국축구의 미래인 유소년들을 위해서 어떠한 것을 준비하고 있으며, 그들을 어떻게 이끌어갈 것인가 하는 점이다. 내가 어렸을 때는 당장 성적을 내지 못하면 경기를 뛰지 못하고 폭행을 당하기 일쑤였다. 지금이라고 무엇이 크게 달라졌을지 의문이 든다.

FIFPRO 총회에 참석하면 해외 축구 관계자들의 자국 유소년 정책에 관한 이야기를 듣곤 한다. 그들은 "당장의 성적은 중요하지 않다. 어차피 어린이들 아닌가. 중요한 것은 축구를 즐기는 것이며, 그들이 직접 생각할 수 있는 힘을 기르게 하는 것이다. 이를 위해 당장의 성적에 연연하지 않고 모든 유소년 선수들이 공정하게 기회를 부여받을 수 있도록 노력하고 있다"라고 말했다.

우리나라는 당장 결과를 내는 것에 급급하다. 완성되어 있지 않으면 안 되는 문화다. 가능성 있는 선수들은 다양한 경험을 하며 성장하지만, 그것을 기다려주는 사람들은 많지 않다. 유소년임에도 불구하고 충분한 퍼포먼스를 보여주지 못하고 감독의 스타일에 맞지 않으면 더 이상의 기회가 없을 수도 있다.

한국에서도 유소년 선수들에게 공정한 기회를 부여하고 더 성장할 수 있는 환경을 제공하기 위해 축구 관계자들이 함께 고심하고 협동해야 할 때라고 생각한다. 물론 이 모든 것을 한꺼번에 바꿀 순 없겠지만, 우리나라 축구계의 미래들이 축구를 즐기는 법을 먼저 알게 하는 것이 어른들의 책무가 아닐까?

나는 선수협을 운영하며 매년 계획을 수립할 때에 내년도 계획과 함께

3개년 계획을 작성한다. 또한 계획했던 것들에 대해 직원들의 피드백을 받아 부족한 점을 분석하고 그것을 극복하기 위한 보완 방안을 논의한다. 미비점은 개선하고 미래를 준비하고 달성해 나가는 것이다. 나는 진심으로 한국축구 관계자들이 한국축구 발전이라는 가치와 목표를 가지고 계획을 설정하고 목표를 이뤄나가길 희망한다.

당연한 것들을 당연하게 받아들이지 않을 때 발전은 이루어진다. 나의 작은 발걸음이 한국축구의 진정한 발전에 도움이 되리라는 것을 확신한다.

세계선수협 임원진과의 인터뷰

〈FIFPRO 아시아 지부 타쿠야 야마자키 회장 인터뷰〉

Q. ───── **한국축구계의 환경은
어떻게 평가하고 있는가?**

A. ───── 한국은 이웃 일본과 비슷하지만 이적 제한, 불합리한 계약상
의 문제, 불공평한 분쟁해결 시스템 등 노동자로서 선수가
당연히 보장받아야 할 권리를 크게 제한하는 제도가 많은
게 문제입니다. 구단과 선수는 파트너이며 어느 쪽이 위, 아
래인 관계가 아닙니다. 국제노동기구(ILO)로부터도 노동자로
대우받게 돼 있는 운동선수가 구단과 대등한 관계에서 제대
로 된 대화를 통해 제도를 만들 수 있는 환경을 도입하는 것
이 한국축구의 미래를 위해 필수적이라고 생각합니다.

Q. ——— **한국프로축구선수협회의 출범 시기부터 지금까지 전폭적인 지지와 지원을 한 것으로 알고 있다. 특히 한국에 관심을 가지는 이유가 있다면?**

A. ——— 저는 축구 외에 프로야구에서도 선수협의 일을 계속해왔습니다. 일본프로야구에는 세계에서 보기 드문 엄격한 선수의 이적 제도가 존재하는데, 한국프로야구에서는 그것을 더욱 엄격하게 한 이적 제도가 이루어지고 있고, 그 사실을 알았을 때는 일본 제도를 잘해나가지 않으면 한국의 제도도 좋아지지 않는다는 책임을 통감했습니다. 비슷한 상황은 축구에도 있는데, 일본 J리그에서 옛날에 이루어졌던 부당한 계약상 대우가 한국에서도 이루어지고 있는 경우를 많이 보게 되었습니다.

저는 FIFPRO 아시아 지부의 회장으로서 아시아 축구 전체의 환경을 긍정적으로 만들어나가는 것이 사명이며, 특히 한국은 나에게 있어서 너무나 특별하기에 김훈기 사무총장과 반드시 함께 바꿔 나가야겠다고 다짐했습니다.

Q. ──── **세계 여러 나라의 선수협과 비교해서 한국프로축구선수협회의 활동의 강점이나 활동력을 어떻게 평가하고 있는가?**

A. ──── KPFA는 FIFPRO 아시아 지부 멤버 중에서도 롤 모델이라고 할 수 있는 조직입니다. 일본과 같은 유교 문화에 근거하는 연공서열 사회 속에서, 선수를 불공정하게 취급하는 제도를 바꾸어가는 것은 매우 어려운 일입니다. 하지만 그 어려움을 변명하지 않고 적극적으로 액션을 취하고 있는 것, 그리고 그것을 위해서 가장 중요한 선수와의 커뮤니케이션과 사회를 향한 건전한 메시지를 전달하는 발전적인 단체로 가는 것이 정말로 훌륭하다고 생각합니다. 언제나 대단하다고 감동하면서 그 활동을 계속 지켜보고 있습니다.

Q. ──── **한국에는 로컬 룰이라는 명목으로 FIFA의 룰을 어기고 있는 것들이 있다. 하지만 일각에서는 "FIFA에서 아무 말도 하지 않고 경고 등을 받은 것이 없는데 FIFA의 룰이 잘못됐다고 말하는 FIFPRO가 잘못된 것 아니냐?"라는 의견이 있다. 이에 대해서 어떻게 생각하는지.**

A. ──── 정말 어처구니없는 주장입니다. 언어문제 등으로 FIFA 규정

을 어기고 있는 협회가 있는데, FIFA가 이를 알지 못하는 경우는 전 세계에 많습니다. 즉 FIFA가 모르는 것을 좋은 말로, 룰 위반을 하고 있는 케이스는 다수 있으며(일본에서도 그러한 사례가 있어 그것이 발각되고 나서 FIFA로부터 시정이 요구된 케이스가 있었음), FIFA가 경고하고 있지 않기 때문에 룰 위반이 아니라고 하는 것은 전혀 설득력이 없는 주장입니다.

Q. ──── **김훈기 사무총장과 KPFA 설립 당시부터 함께 일한 것으로 알고 있다. 가장 기억에 남는 에피소드와 그 이유는?**

A. ──── 너무 많은 사건, 사고가 있어서 다 말할 수가 없어요(웃음). 2012년 9월에 처음 김훈기 사무총장을 만난 후 KPFA가 FIFPRO 정식 멤버가 되기까지 수많은 일과 어려움이 있었고, 함께한 지 벌써 10년이 지났습니다.

지금의 KPFA가 이렇게 올바른 길로 FIFPRO의 롤 모델이라고 칭찬받는 것은 본인이 가지고 있는 장점인 친화력과 공감 능력을 발휘해 선수들과 한국축구계를 위해 매 순간 최선을 다하고자 하는 김 총장의 사명감 덕분이었다고 생각합니다. 그리고 제가 좋아하는 한식 메뉴 등을 항상 기억해주고 힘들 때도 매번 긍정적인 에너지로 즐거운 시간을 만들어주는 배려도 김 총장의 대단한 점입니다. 틀림없이 제 인생을 바꿔준 은인이라고 할 수 있는 인물이죠. 만나게 된 운명에 진심으로 감사하고 있습니다.

Q. —— FIFPRO 아시아 회장으로서 KPFA에 바라는 점이 있다면?

A. —— KPFA는 FIFPRO 아시아 지부를 선도하는 롤 모델 조직으로 성장했습니다. 제가 원하는 것은 딱히 없지만, 앞으로도 지금처럼 무엇이 미래의 선수, 축구계에 최선인가 하는 마음가짐으로 충실한 활동을 계속해 나간다면 협회, 연맹, 구단 등 축구계의 종사자들이 존중할 수밖에 없는 단체가 될 것입니다.

Q. —— KPFA의 책이 출간될 예정이다.

A. —— 내가 선수협에 종사하게 된 지 얼마 되지 않았을 무렵, 세계 최대의 노동조합으로 불리는 미국 메이저 리그 야구선수협회(MLBPA: Major League Baseball Players Association)로부터 받은 어드바이스가 있습니다. 그것은 "지금 선수가 당연하게 가지고 있는 권리는 하늘에서 내려온 당연한 것이 아니고, 선배들이 싸워서 쟁취한 것이다. 그래서 그것을 항상 다음 세대들에게 계속 전달해야 한다"라는 것이었습니다.

KPFA의 역사는 짧을지 몰라도 많은 선수들과 그 신념에 공감한 사람들이 오랫동안 해온 헌신적인 활동이 중요한 역사

한국축구의 미래를 꿈꾸다

의 일부로 존재하고 있습니다. 그러한 사람들의 노력이 제대로 기록으로 남는 것은 뒤를 잇는 많은 선수들이 한층 더 그 생각을 계승하고 발전시켜 나가기 위해서 불가결한 일이라고 생각합니다. KPFA의 이런 역사를 소중히 여기는 자세에 진심으로 경의를 표합니다.

〈FIFPRO 아시아/오세아니아 지부 프레데릭 위니아 사무총장 인터뷰〉

Q. ── **FIFPRO의 입장에서 볼 때 한국축구계의 환경은 어떤가?**

A. ── 음, 한국은 월드컵 10회 연속 진출한 아시아의 축구 강호이고 훌륭한 선수들이 많이 배출되고 있습니다. 하지만 한국축구계 상황은 녹록하지 않습니다. 아직 개선이 필요하다고 보입니다.

Q. ── **어떤 점 때문인가?**

A. ── 불행하게도 아직 축구협회나, 리그 연맹 그리고 선수협과의 관계가 제자리걸음입니다. 한국에서 축구가 계속 발전하려면 세 단체가 많은 대화를 통해 함께 움직여야 해요. 세 단체의 소통이 매우 부족하다고 생각됩니다. 축구협회와 K리

그 연맹이 의도적으로 선수협을 견제하고 무시하는 행태를 FIFPRO도 염려스러운 시선으로 바라보고 있습니다.

Q. —— 염려하는 특별한 이유가 있다면.

A. —— 선수들의 존재가 축구에서 매우 중요한 부분을 차지하는 것을 감안한다면 이러한 행보는 매우 실망스럽습니다. 선수들이 스포츠를 만들고, 선수들이 있기에 팬들이 경기장으로 몰려들거나 TV 앞에 모여들기 때문입니다. 그만큼 선수들이 중요합니다. 선수들의 권리가 보장되면 한국프로축구도 한 걸음 더 나아갈 것으로 봅니다.

Q. —— 당신이 본 한국축구계는 어떤가.

A. —— 저는 FIFPRO 아시아/오세아니아 사무총장입니다. 아시아 국가들의 이야기는 늘 듣고 있는데, 제 생각을 밝히자면 가장 큰 문제는 협회와 연맹입니다.

Q. —— 연맹의 어떤 점이 가장 큰 문제인가?

A. —— 연맹은 일방적인 결정을 내리고 행동에 옮기면서 최근 몇

년간 있었던 모든 잘못을 했다고 봅니다. 선수들의 엄청난 연봉 삭감과 선수 초상권 문제를 비롯해 선수 이적에 관한 문제까지, 그 어디에도 선수들은 목소리를 낼 수 없었어요. 선수들이 완전히 배제되고 무시당했죠.

Q. ——— **맞는 말이다. 급여 미지급 사례나 선수 동의 없는 이적 등으로 한바탕 홍역을 치렀다.**

A. ——— 네. 자료를 받아보면 갑자기 방출이 되어 하루아침에 실업자가 되고, 월급도 받지 못하는 사례가 많았어요. 선수들은 아무런 항의도 못 한 채 속수무책으로 당할 수밖에 없어요. 근로기본권에 대한 일방적인 침해죠. 만일 일반 기업에서 근로자를 상대로 이런 일이 벌어진다면 사회적 지탄의 대상이죠. 다행히 선수협이 문제를 해결하기 위해 노력하고 있고, 표준 계약서 약관 변경 등 제도를 변경하고자 노력 중이라 다행이라 생각합니다.

Q. ——— **한국 선수협의 출범부터 지금까지 전폭적인 지지를 하고 있는 것으로 안다.**

A. ——— 저는 아시아/오세아니아 지역의 사무총장이기 때문에 아시아 지역에서 한국이 갖는 위상과 중요한 점도 알고, 개인적

으로도 관심이 많은 편입니다. 특히 한국 선수협 관계자들이 직면하는 어려운 상황을 보면서 연민이 느껴져요.

Q. ──── **연민이라……**

A. ──── 마음이 많이 아팠습니다. 합리적인 요구를 하고 있는데 한국 축구 주요 이해관계자들에 의해 무시당하는 것이……. 한국 선수협의 상황이 제가 생각하는 정의에 벗어나서 매우 화가 납니다. 그래서 한국 선수협을 돕고 싶죠.

Q. ──── **세계 여러 나라의 선수협과 비교해서 한국 선수협의 활동은 어떤 평가를 내릴 수 있는지.**

A. ──── 하하. 비교는 하지 않겠습니다. FIFPRO의 일원으로서 모든 국가의 선수협을 평등하게 생각하고 있기 때문입니다. 하지만, 이런 어려운 상황 속에서도 묵묵히 최선을 다하는 한국 선수들, 그리고 꾸준히 선수들의 권리를 위해 매일 같이 노력 하는 선수협의 모든 관계자들에게 무한한 존경을 표합니다.

한국축구의 미래를 꿈꾸다

Q. ——— **FIFPRO 아시아/오세아니아 사무총장으로서 한국축구계에 전달하고 싶은 메시지가 있다면.**

A. ——— 좀 강하게 들릴지도 모르겠습니다만, 협회 및 연맹이 선수들과 대화에 적극적으로 나서주면 좋겠어요. 같은 테이블에 앉아서 대화하다 보면 서로의 관점을 파악하게 되잖아요. 그러다 보면 서로를 이해하고 앞으로 나아갈 수 있다고 봅니다.

Q. ——— **마지막으로 하고 싶은 말이 있다면.**

A. ——— 선수협을 운영하는 건 힘들고 어려운 일입니다. 하지만 선수협과 선수협 소속의 모든 선수는 FIFPRO의 전폭적인 지원을 받고 있다는 것을 잊지 않았으면 좋겠습니다. 한 걸음씩 나아가다 보면 도약하는 날이 분명히 올 것입니다. FIFPRO에 소속된 각 국가 협회들이 수십 년 동안 이러한 방법으로 성장했습니다. 어려운 상황이 많다는 것을 알고 있지만, FIFPRO에서 항상 아낌없는 지원을 보내고 있다는 사실을 잊지 않았으면 좋겠습니다.

Q. ──── **선수협은 연맹이나 협회 등 축구 관련 단체와 대화의 파트너로 목소리를 높이고 있다. 하지만 아직도 연맹이나 협회에서는 적극적인 협조는 하지 않는 것 같다. 어떻게 생각하는가?**

A. ──── 저희는 이전에도 많은 국가에서 연맹이나 협회에서 선수협에 적극적인 협조를 하지 않는 것을 경험했습니다. 축구 경기의 핵심인 선수들과의 대화에 참여하기를 거부하는 것은 결코 용인될 수 없고, 스포츠 전반의 이익을 위해서도 그래서는 안 된다고 생각합니다.

FIFPRO는 글로벌 수준에서 모든 다양한 단체들/개인들과 지속적으로 논의하고 협상합니다. 모든 관계자들과의 대화는 충분한 성과를 거두고 있습니다. 최근 몇 년 동안 FIFPRO는 FIFA, UEFA, 월드리그포럼과 여러 계약을 체결하고 여러 가지 프로젝트를 시작했는데 임금체불, 부상 예방 및 치료 개선, 모성보호법, 승부조작과 뇌진탕에 대한 정보 전달과 인식, 교육 프로그램 등이 포함되어 있습니다.

축구협회, 리그, 클럽 팀 및 선수들이 서로의 합의점을 찾아가는 데에 필요한 서로 간의 대화는 전 세계에서 대륙별로 또 국가별로 이루어지고 있습니다. 한국에서도 표준적인 관

한국축구의 미래를 꿈꾸다

행이 되어야 할 것입니다.

Q. ─── **한국은 사회경제적으로 선진국 반열에
올랐지만, 축구계의 현실을 보면 선수들의
정당한 권리나 기본적인 인권이
보호받지 못하고 있는 상황이다.
다른 선진국에서는 한국과 같은 상황에 놓인
선수들을 많이 볼 수 있는가?**

A. ─── 몇 년 전에 우리는 여러 나라의 선수들의 조건과 사회경제
적 조건을 비교한 적이 있었습니다. 그에 따르면 한국 선수
들의 권리는 현 상황보다 훨씬 앞서 있어야 하며, 경기운영
에 있어서 선수들의 역할도 중요하다는 것을 강조할 필요가
있다는 결과가 나왔습니다.

단체로 고용조건을 협상할 권리, 선수가 고용인에게 갖는 경
제적인 권리, 그리고 초상권에 대한 권리, 이 모든 것들은 세
계 어느 곳을 가더라도 선수들의 고유의 권리입니다. 축구계
는 다르다고 생각하는 사람들이 있겠지만, 전 세계 축구계에
서는 이러한 권리가 적용되고 있습니다.

축구협회와 연맹은 선수가 없는 축구는 존재하지 않는다는
것을 깨달아야 합니다. 프로축구 선수가 최상의 기량을 발휘
하기를 원한다면, 축구 관계자들이 일단 선수들의 목소리를
들어야 합니다.

Q. 한국축구계는 리그 운영이나 제도를 결정함에 있어서 선수들의 의견이 전혀 반영되지 않으며, 의견을 피력할 채널조차 없다. 이러한 상황이 일반적인지?

A. 기본적으로 다른 선진국들은 단체 협상이라는 시스템이 존재합니다. 이는 고용주와 노동조합으로 클럽을 대표하는 리그가 선수의 조건, 계약, 대회 일정 등에 대해 협상하는 것을 의미합니다.

예를 들어 영국에는 모든 이해관계자인 PFA, 노조, 그리고 프리미어리그 등으로 구성되어 있는 위원회가 있습니다. 이들은 거부권을 가지고 있으며, 이는 의견 차이가 있을 때 어떠한 결정도 일방적으로 내릴 수 없다는 것을 의미합니다. 선수들의 고용 및 계약에 영향을 미치는 모든 문제는 이 위원회를 통해 합의될 필요가 있다는 것을 모두가 인지하고 있습니다. 따라서 모든 이해관계자들은 서로의 합의가 필요하다는 것을 알고 있기에 서로의 대화는 매우 협조적이고 평등하게 이루어집니다.

프랑스에서는 모든 문제가 UNFP(프랑스 선수협)와 클럽 간의 단체 협약에 의해 규제됩니다. 양쪽 모두에게 공평하게 적용되죠. 예를 들어 코로나 기간 동안 UNFP와 클럽들은 선수들의 연봉에 부적절한 영향을 미치지 않으면서 클럽의 재정을 안정화시키기 위한 기본 협약에 동의하였고, 이것은 어려운 시기에 리그를 안정시키는 데 큰 역할을 했습니다.

한국축구의 미래를 꿈꾸다

Q. ——— **FIFPRO 사무총장으로서 한국 선수협의 활동들을 어떻게 생각하는지?**

A. ——— 저는 지난 몇 년간 KPFA의 발전을 지켜봤습니다. 처음부터 가까이서 지켜보지는 못했지만, 몇 년 전부터 FIFPRO의 사무총장의 역할을 맡으면서 더 유심히 살펴볼 수 있었죠.

우선 프로축구 선수들을 조직하고 지원하려는 KPFA의 의지에 깊은 경의를 표합니다. 선수들의 권리를 위해 노력하고 나아가는 것이 얼마나 어려운지, 그리고 한국에서 노조라는 존재 자체로 환영받지 못한다는 것을 알고 있습니다. 그럼에도 불구하고 KPFA가 여전히 선수들의 권리를 위해 노력하고 있고, 강력한 조직을 만들어냈다는 것은 정말 중요한 성과라고 생각합니다. 선수협의 존재 자체가 얼마나 끈기 있고 인내심을 가지고 선수들을 위해 일하는지에 대한 증거라고 생각합니다. 그리고 한국 선수협의 끈기와 노력은 우리에게 큰 영감을 줍니다.

또한 한국 선수들이 자신들의 권리와 경기의 발전을 위해 어떻게 헌신하고 있는지 보여주고 있으며, 이는 현세대의 선수들뿐만 아니라 앞으로 프로가 되어 뛸 선수들과 연대하는 모습을 보여준다고 생각합니다. 초기의 선수협은 향후 몇 년 동안의 문화를 확립했다고 볼 수 있습니다.

개인적으로 저는 FIFPRO를 다양하고 모두를 아우르는 조직으로 발전시키는 데에 많은 관심을 기울이고 있으며, KPFA가 남자와 여자 선수가 공동 회장을 맡은 최초의 FIFPRO 회원이라는 사실은 환상적이라고 생각합니다. KPFA와 같은 가능성 있는 조직이 모범을 보이고 있다는 것은 선수협의 기존 가치를 넘어서는 진보적인 조직을 만드는 환상적인 사례입니다.

저는 KPFA가 프로축구 선수들을 보호하고 지지하는 다음 단계를 밟기를 기대하고 있습니다.

진정성으로 결성된 선수협, 묵묵히 오늘도 우리의 길을 걸어간다

FIFPRO는 소속 선수협에게 동일한 규모의 예산을 배분한다. 그런데 각 나라마다 환율이 다르기에 우리나라는 넉넉하지 않은 예산으로 선수협을 운영해왔다. 매일매일이 전쟁터였고, 전쟁터에서 어떻게든 살아남기 위해 부단히 노력했다. 또 어떠한 전력으로 이 싸움에서 살아남을 것인가 하는 선수협의 살림을 책임지는 사람으로서의 중압감도 있었다.

지금까지 나는 선수들의 권리를 보호하기 위해 누구보다 앞장서 행동하고 있다. 챙겨야 할 것이 한두 가지가 아니기 때문에 나는 밤낮 없는 근무시간, 휴일과 휴가가 보장되지 않는 삶을 살고 있지만, 우리 사무국 직원만은 어느 기업과 비교해도 뒤처지지 않을 워라밸을 보장해주기 위해 나름 신경을 쓰고 있다. 그리고 선수들에게 진심으로 다가가야 한다는 생각은 10년이 넘는 세월 동안 변함없이 지켜온 나의 원칙이다.

올해 설 연휴에도 선수들은 지방으로 전지훈련을 떠났다. 가족들과 만날 수 없는 선수들을 위해 나라도 가서 함께 이야기를 나누고 고충이 무엇인지 파악하고자 했다. 특히 이근호 회장과 염기훈 부회장을 만나며 실제 현장에서 뛰고 있는 그들의 생각을 들을 수 있었고, 향후 선수협이 어떻게 나아가야 하는지에 대해 깊은 얘기도 나누었다.

정신없는 나날을 보내다 보니 자연스레 내 개인 생활은 거의 없어졌다. 그래서 항상 가족들에게 미안한 마음이다. 선수협 일을 시작하고 10여 년간, 나는 명절 때 가족과 함께 보낸 적이 없었다. 선수들도 명절이라고 쉴 수 있는 게 아니기 때문이었다. 선수들의 마음을 보듬어주고, 그들과 같은 눈높이에서 대화하며 나아가기 위해서는 나도 그들과 함께 생활패턴을 맞춰야 한다고 생각했다.

"올해는 명절에 집에 올 수 있니?"라는 어머니의 말에 밤잠을 설쳤다. 죄송스럽고 면목 없어 가슴이 아팠지만, 선수들과 함께 호흡하는 일은 누군가 해야 할 일이었다. 특히 명절은 선수들에게는 어느 때보다 차가운 계절일 수 있었다. 명절이라고 해서 부당한 일을 당하는 문제가 없는 것도 아니었으며, 공휴일이라고 해서 선수들의 간절한 마음들을 외면하고 싶지도 않았다. 그래서 나는 지금도 몇 시가 되었든 선수들이 도움을 요청하면 즉각 대응할 수 있도록 준비하고 있다.

성경에 나오는 다윗과 골리앗 이야기처럼 나도 언젠가 골리앗 앞에 섰을 때 싸울 준비가 되어 있는가를 늘 생각하며, 소홀한 부분에 대해 경계하고 준비한다. 항상 변화하는 상황과 현장 앞에서 언제나 준비가 되어 있어야 하고, 그리고 언제든 우리가 가진 것을 보여줄 수 있어야만 한다.

올해는 더욱 특별하고 바쁜 한 해를 보내고 있다. 선수협의 플랫폼을 구축하기 위한 계획을 수립하고 있기 때문이다.

사무국을 재정비하여 대응체계를 굳건히 하고, 분야별로 업무의 효율성을 개선하는 작업을 진행하고 있다. 이를 통해 행정/해외/법무/사업/사회공헌활동의 계획을 구체화하고, 플랫폼 구축으로 선수들이 선수협에 대한 접근성을 높일 수 있도록 하기 위함이다. 또한 은퇴한 선수들을 사무국으로 영입하여 선수들의 눈높이에서 필요한 것들을 지원할 수 있는 체계를 만드는 작업도 진행 중이다. 여기에는 선수 출신의 행정가들을 많이 배출하고자 하는 목적도 있다.

현재 축구계는 행정 경영 능력과 경험이 있는 사람들이 대부분 운영을 담당한다. 이 분야에 축구 선수 출신들이 필요한 능력을 배양하여 진출하게 된다면 한국축구계는 많은 발전을 이룰 것이라고 생각한다. 선수협은 1년 후가 아니라, 5년, 10년 후를 내다보고 선수들과 함께 다양한 꿈을 펼쳐나가고 있다.

그리고 선수들 또한 변해야 한다. 아무것도 하지 않으면서 자연스럽게 바뀌길 원해서는 안 된다. 선수단 단체 미팅을 할 때 본인과 관련 없는 일이라며 관심 없던 선수들이 교육받았던 사례가 본인의 상황이 됐을 때 선수협의 필요성을 깨닫게 되는 경우가 많다. '자신한테 이런 일이 발생할 줄 몰랐다', '선수협이 꼭 필요한 존재라는 것을 알게 됐다'라며 그제서야 선수협을 찾곤 한다. 선수협은 문제를 해결해주기만 하는 단체는 아니다. 선수들도 선수협의 진정한 가치를 이해하고 함께해야 한국축구의 진정한 발전이 있을 수 있다.

여자 축구도 리그가 성장하고 발전하려면 선수들도 함께 의견을 내고 적극적으로 변해야 한다. 함께할 때 조금씩 변하기 시작하는 것이다. 미국의 경우, 여자 대표팀 선수들이 '월드컵 등 국제 대회에서 여러 차례 우승하는 동안, 남자 대표팀은 이렇다 할 성적이 없음에도 몇 배나 더 많은 임금을 받았다'라며 동일한 임금을 달라고 소송을 걸었다. 이 사건은 선수들이 처음에는 패소를 했지만, 본인들의 주장을 이어나가 결국 6년 만에 합의를 통해 본인들이 원했던 환경 변화의 초석을 다졌다. 소송의 주제를 떠나 참으로 멋진 일이다. 선수들이 자신들의 주장을 떳떳하게 펼치면서 오랜 시간 포기하지 않음으로써 결국 이뤄낸 것이다. 우리나라 선수들도 이렇게 자신들이 환경을 개선하기 위해 적극적으로 선수협을 활용했으면 한다.

훗날 목표하던 것을 이루고 지금의 자리에서 내려올 때, 진정성으로 똘똘 뭉친 우리 선수협이 절대 변질되지 않았으면 좋겠다. 우리나라의 축구 발전과 사랑받는 리그를 만들기 위해 함께 고민하고 나아가는 선수협이자, 프로선수들의 험난한 삶 속에 선수협이 그들이 가는 길에 언제나 동반자로서 존재하며, 조금이라도 도움이 되고 위안이 되길 바랄 뿐이다. 그들이 있어 내가 존재하고 선수협이 존재하는 것이다. 우리가 더 나아갈 수 있고 발전적인 미래를 생각할 수 있는 것은 모두 선수들 덕분이다. 언제나 감사하게 생각하고 있으며, 언제나 그들을 위해 미력이나마 무엇을 해줄 수 있을지 고민할 것이다.

나도 한때 유명한 축구 선수가 되고 싶었다. 그런데 나는 내가 사랑하는 축구를 통해 인생과 상처 그리고 아픔을 배웠다. 하지만 내가 겪은 상처와 아픔을 딛고, 축구계에 조금이나마 도움이 될 수 있는 방향으로 힘을 쏟고 싶다. 나의 바람은 그리 큰 것은 아니다. 다만 우리 선수들이 공평한 기회를 부여받고, 정당한 시험대에서 제대로 된 평가를 받을 수 있는 리그에서 활동하길 바라는 마음이다. 물론 모두가 같은 출발점에서 시작할 수는 없다. 그렇더라도 특권과 반칙이 없고 각자의 기여가 정당하게 존중받는 사회가 되길 바라는 마음이 허황된 꿈만은 아니라고 생각한다. 많은 사람들이 축구에 대한 꿈을 꾸고, 그 꿈을 이루기 위해 노력하는 데에 적어도 누구나 공정하게 평가받는 축구계를 만들기 위해 노력할 것이다.

그리고 나는 사무총장이라는 막중한 책임감이 있기에 그저 말만 하고 끝내는 사람이 되고 싶지는 않다. 나의 후배들도 지금의 나의 모습을 보며 선수협을 꾸려 나아갈 것임을 알고 있기에, 오늘도 나는 누가 알아주지 않더라도 묵묵히 이 길을 걸어간다. 나는 선수들이 나를 필요로 하는 한, 최선을 다해 그들의 권리를 보호하고 한국축구 발전을 위해 한 걸음 한 걸음 나아갈 것이다.

마지막으로 늘 바쁘다는 핑계로 우리 가족과 주변의 소중한 이들을 깊이 챙기지는 못하지만, 언제나 묵묵히 나를 응원해주고 기도해주는 모든 분들에게 이 책을 통해 감사한 마음을 전한다.

▲ 선수협 2015 정기총회

한국축구의 미래를 꿈꾸다

▲ 선수협 2017 정기총회

▲ 2017 정기총회 중 이영표 이사와 함께

▲ 선수협 2018 정기총회

▲ 선수협 2019 정기총회

한국축구의 미래를 꿈꾸다

▲ 선수협 2019 정기총회

▲ 선수협 2019 이사회

한국축구의 미래를 꿈꾸다

▲ 선수협 2022 이사회

선수 미팅

▲ 2017년 울산 선수단 미팅

▲ 선수들에게 승부조작 피해 신고방법에 대해 교육

한국축구의 미래를 꿈꾸다

▲ 김천상무 선수단 미팅

▲ 인천현대제철 레드엔젤스 선수단 미팅

▲ 창녕wfc 선수단 미팅

▲ 강원fc 선수단 미팅

한국축구의 미래를 꿈꾸다

▲ 서울이랜드fc 선수단 미팅

▲ 이승우 선수와 미팅

▲ 기성용 선수와 미팅

▲ 이청용 이사와 미팅

　　　　　　　　　　　　　　한국축구의 미래를 꿈꾸다

▲ 김영찬 선수와 미팅

▲ 윤석영 이사와 미팅

▲ 이청용, 조수혁 이사와 미팅

▲ 이근호 회장님과 미팅

한국축구의 미래를 꿈꾸다

▲ 염기훈 부회장님과 미팅

▲ 지소연 회장님과 미팅

▲ 윤영글 어드바이저와 미팅

▲ 강가애 이사님과 미팅

한국축구의 미래를 꿈꾸다

▲ 송진형 선수와 미팅

▲ 박주호 부회장님과 미팅

▲ 미팅을 진행 중인 모습

▲ e스포츠 공정거래위원회 위원회의에 참석하여 의견을 개진 중

한국축구의 미래를 꿈꾸다

▲ 2021년 한국프로축구선수협회 꿈나무 지원 장학식

▲ 동대문장애인종합복지관과 함께 재능기부 축구교실

▲ CGV 토크콘서트 준비 중

▲ 연봉 삭감 이슈에 대한 인터뷰

한국축구의 미래를 꿈꾸다

▲ 호국보훈의 달을 맞이하여 선수들과 현충원에서 호국영령에게 참배하고 기념촬영

▲ 6월 호국 보훈의 달 기부금 전달식

▲ 해커스를 통해서 선수들에게 교육 복지를 제공

한국축구의 미래를 꿈꾸다

▲ 강남아이준안과와 유니폼 전달식

▲ 플레이어스와 업무협약식

FIFPRO(국제축구선수협회)

▲ 2017년도 아시아 총회

▲ 2017년 FIFPRO 홈페이지 메인에 소개된 한국프로축구선수협회 정식출범 소식

한국축구의 미래를 꿈꾸다

▲ 2017년 서울에서 진행된 FIFPRO 아시아 총회

▲ 2019년 호주에서 진행된 FIFPRO 세계총회

한국축구의 미래를 꿈꾸다

▲ 2018년 로마에서 진행된 FIFPRO 세계총회

▲ 2021년 FIFPRO 세계총회 기념사진

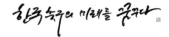

초판 1쇄 발행 2022. 8. 12.

지은이 김훈기
펴낸이 김병호
펴낸곳 주식회사 바른북스

편집진행 김수현
디자인 최유리

등록 2019년 4월 3일 제2019-000040호
주소 서울시 성동구 연무장5길 9-16, 301호 (성수동2가, 블루스톤타워)
대표전화 070-7857-9719 | **경영지원** 02-3409-9719 | **팩스** 070-7610-9820

•바른북스는 여러분의 다양한 아이디어와 원고 투고를 설레는 마음으로 기다리고 있습니다.

이메일 barunbooks21@naver.com | **원고투고** barunbooks21@naver.com
홈페이지 www.barunbooks.com | **공식 블로그** blog.naver.com/barunbooks7
공식 포스트 post.naver.com/barunbooks7 | **페이스북** facebook.com/barunbooks7

ⓒ 김훈기, 2022
ISBN 979-11-6545-830-0 03060

•파본이나 잘못된 책은 구입하신 곳에서 교환해드립니다.
•이 책은 저작권법에 따라 보호를 받는 저작물이므로 무단전재 및 복제를 금지하며,
 이 책 내용의 전부 및 일부를 이용하려면 반드시 저작권자와 도서출판 바른북스의 서면동의를 받아야 합니다.